초등학생을 위한
인물 한국사

초등학생을 위한 인물 한국사 ❸

초판 1쇄 발행 · 2013년 12월 15일
개정판 1쇄 발행 · 2024년 5월 8일

글쓴이 · 윤희진
그린이 · 이수영
발행인 · 이종원
발행처 · 길벗스쿨
출판사 등록일 · 2006년 6월 16일
주소 · 서울시 마포구 월드컵로 10길 56(서교동)
대표전화 · (02)332-0931 | **팩스** · (02)322-3895
홈페이지 · www.gilbutschool.co.kr | **이메일** · gilbut@gilbut.co.kr

기획 · 이효진 | **편집관리** · 김언수 | **제작** · 이준호, 손일순
마케팅 · 지하영 | **영업유통** · 진창섭 | **영업관리** · 정경화 | **독자지원** · 윤정아

표지디자인 · 이현숙 | **본문디자인** · 윤현이 | **정보면그림** · 최미란 | **인쇄 및 제본** · 상지사피앤비

ⓒ 윤희진, 이수영 2013

잘못 만든 책은 구입한 서점에서 바꿔 드립니다.
이 책은 저작권법에 따라 보호받는 저작물이므로 무단전재와 무단복제를 금합니다.
이 책의 전부 또는 일부를 이용하려면 반드시 사전에 저작권자와 길벗스쿨의 서면 동의를 받아야 합니다.

ISBN 979-11-6406-745-9 (74910)
979-11-6406-742-8 SET
(길벗스쿨 도서번호 200426)

제 품 명 : 초등학생을 위한 인물 한국사 3	주 소 : 서울시 마포구 월드컵로 10길 56 (서교동)
제조사명 : 길벗스쿨	전화번호 : 02-332-0931
제조국명 : 대한민국	제조년월 : 판권에 별도 표기
사용연령 : 8세 이상	KC마크는 이 제품이 공통안전기준에 적합하였음을 의미합니다.

초등학생을 위한
인물 한국사

③ 조선 상 이성계~소현 세자

윤희진 글 이수영 그림
서울대 뿌리깊은 역사나무 감수

길벗스쿨

| 감수·추천의 글 |

인물 이야기로
역사 공부를 시작하세요

초등학생 가운데에는 이렇게 묻는 친구들이 많습니다.

"역사가 저에게 무슨 의미가 있나요?"

"역사 드라마나 영화는 재미있는데, 왜 학교 역사책은 재미가 없나요?"

저도 역사를 가르치는 사람입니다만, 이런 질문 앞에서는 말문이 막히곤 합니다. 역사 공부의 의미를 일깨우는 것은 물론, 재미있게 역사를 알려 줄 수만 있다면 얼마나 좋을까요?

그런 가운데 《초등학생을 위한 인물 한국사》를 만나 무척 반가웠습니다.

우선, 딱딱한 역사 사실을 공부하기보다는 인물의 삶을 직접 들여다보며 역사의 흐름을 익히면 역사와 쉽게 친해질 수 있습니다. 초등학교 교과서로 역사를 접하기 전에 미리 《초등학생을 위한 인물 한국사》를 읽으면, 역사 공부에 흥미를 갖는 동시에 한국사의 흐름을 한눈에 파악할 수 있을 것입니다.

그리고 《초등학생을 위한 인물 한국사》는 역사를 바로 보는 힘을 키워 줍니다. 대부분의 위인전들이 인물에 대한 칭찬 일색이라면, 이 책은 인물을 공정하게 바라봅니다. 또 "그 상황 속에 내가 있었다면 어떤 선택을 했을까?" 하고 독자가 스스로 판단해 보도록 유도합니다. 인물과 사건을 바라보면서 생각하는 힘을 키우는 것, 그것이 역사를 공부하는 진정한 의의 아닐까요?

여러분들은 이 책에서 역사 속 인물들을 생생하게 만날 수 있습니다. 그중에는 단군, 세종 같은 위대한 왕도 있지만, 여성·노비·화가 등 보통의 백성이나 사회적 약자들도 있습니다.

이처럼 우리 역사를 이끌어 온 것은 힘 있는 몇몇이 아니라, 자기 자리에서 늘 열심히 살아온 백성들과 다양한 분야에서 활동했던 인물들이지요. 역사에 이름을 남긴 인물들도 따지고 보면 여러분과 크게 다르지 않습니다. 태어날 때부터 비범한 재주를 지녀서 역사에 이름을 남겼다기보다는 꿈을 꾸고, 이를 위해 부지런히 공부하고 일하였기 때문에 지금까지 우리가 기억하는 것입니다.

이 책을 읽으며 한국사를 이끈 인물들이 어떤 꿈을 꾸었는지, 나라와 사회와 인류를 위해 무슨 일을 했는지를 살펴보세요. 자연스레 "나는 앞으로 무슨 일을 하며 세상에 어떻게 이바지할까?"를 되묻게 될 겁니다. 그러는 사이 여러분들도 이웃과 더불어 세상에 이바지하는 어른으로 훌쩍 자라나 있을 것입니다.

'서울대학교 뿌리깊은 역사나무'를 대표하여

김태웅

머리말

옛사람들의 기록을 찾아 해석하며
역사 탐정 놀이를 해 볼까?

역사란 무엇일까? 뭐, 재미없는 암기 과목? 어려운 한자어를 많이 외워야 하는 공부라고?

엄마는 역사란 우리보다 먼저 살았던 사람들의 이야기라고 생각해. 그러니까 가깝게는 아빠의 아버지, 그리고 그 아버지, 또 엄마의 어머니, 그리고 그 어머니……. 이런 분들이 어떻게 살아왔나를 알려 주는 이야기라는 거지. 물론 그분들이 어떻게 살았는지 모두 다 알 수는 없어. 매일 일기처럼 써 둔 기록들이 전하는 것도 아니고.

그런데 이 책에서 다루는 역사 인물인 단군이나 광개토 대왕, 세종 대왕은 오랜 옛날 사람들이긴 하지만 그들에 대한 기록이 남아 있어. 그 기록을 통해 그들과 주변 사람들이 어떻게 살았는지 짐작하고, 또 어떤 일을 겪었는지, 어떤 일을 했는지도 알 수 있는 거야.

그런 이야기를 왜 알아야 하냐고? 생각해 봐. 너도 네가 쓴 옛날 일기장을 다시 들춰 본 적이 있을 거야. 그러면 지금의 네 모습과 비교가 되기도 하고, 반성하는 마음이 생기기도 하지?

마찬가지야. 옛사람들의 삶을 살펴보면서 나라면 어떻게 했을까 생각해 보고, 긴 역사 속의 한 사람으로서 어떻게 살아가야 할지 고민해 보는 것, 그게 역사를 공부하는 진짜 이유 아닐까?

이제부터 우리 역사 속 인물들의 기록을 하나하나 찾아보면서 우리나라 역사 전체의 모습을 완성해 보려 해. 우리 역사 속에는 수많은 인물들이 있지만, 이 다섯 권의 책에서는 교과서에 나와 있는 인물들을 중심으로 단군에서 김구까지 총 58명을 만나 볼 거야.

참, 여기서 역사의 비밀 한 가지! 역사는 오래전에 쓰인 기록을 읽고 그 의미를 따져 보는 학문이야. 그러니 그 기록을 누가 썼고 또 왜 썼는지에 대해서 꼭 생각해 봐야 해. 어떤 의도를 가지고 그 기록을 썼는지 알아야 한다는 거야. 일부러 그 인물에 대해 나쁜 이야기를 쓴 경우도 있고, 또 과장해서 칭찬을 한 경우도 있으니까 탐정처럼 꼼꼼히 잘 살피며 따지자고! 그게 역사를 읽는 또 다른 재미이지.

자, 역사 탐정 놀이를 할 준비가 됐니? 이제 본격적으로 이 땅에 살았던 사람들을 만나러 떠나 볼까?

윤희진

차 례

감수 · 추천의 글
머리말

이성계, 새로운 나라 조선을 세우다 10

정도전, 이상적인 나라 조선의 기초를 닦다 22

태종, 강력한 왕권을 세워 조선의 기틀을 잡다 32

세종, 백성을 아끼는 현명한 정치를 펴다 42

장영실, 천한 노비에서 조선 최고의 과학자가 되다 54

성종, 조선의 법전을 완성하고 태평성대를 이끌다 66

신사임당, 우리나라에서 가장 존경받는 여인이 되다 76

이순신, 임진왜란에서 조선을 구하다 88

곽재우, 의병을 일으켜 위기에 빠진 나라를 구하다 100

광해군, 왕의 자리에서 쫓겨나다 110

소현 세자, 청나라처럼 발전된 조선을 꿈꾸다 120

학습 정리 퀴즈 132
찾아보기 138
사진 출처·학습 정리 퀴즈 정답 140

> 그렇지 않아도 휘청거리던 고려에 홍건적과 왜구까지 침략하면서 나라 상황은 더욱 어려워졌다. 이때 새로운 세상을 열 영웅이 등장하는데…….

이성계,
새로운 나라 조선을 세우다

　1361년, 그렇지 않아도 휘청거리던 고려에 큰일이 터지고 말았어. 10만 명이나 되는 홍건적이 압록강을 건너 고려로 쳐들어온 거야. 홍건적이 누구냐고? 중국 원나라에서 일어난 반란군인데, 머리에 붉은 수건을 쓰고 다녀서 그렇게 불렀대. 반란을 일으켰다가 원나라 군사들에게 밀리자 고려까지 내려온 거지.

　고려는 많은 피해를 입었어. 도읍 개경을 내주어야 했고, 고려의 공민왕은 경상도 안동까지 피난을 갔지. 이를 어째? 한마디로 국가 비상사태였어.

어험, 그러나 이렇게 어려울 때 영웅이 등장하는 법! 2,000명의 군사를 이끌고 달려와 홍건적 두목을 활로 쏘아 죽이고 가장 먼저 개경을 되찾은 인물이 있었어. 바로 스물일곱의 젊은 장수 이성계였지.

❖❖❖

이성계는 1335년 함경남도에서 태어났어. 그의 아버지는 공민왕이 원나라에 빼앗겼던 철령 이북 땅을 되찾을 때 큰 공을 세운 이자춘이야. 이자춘 덕분에 그의 집안은 세력 있는 가문으로 떠올랐어.

그렇다고 이성계가 아버지의 덕으로 출세한 것은 아니야. 이성계 스스로 매우 뛰어난 장수였거든. 활 솜씨가 어찌나 뛰어났는지 화살 하나로 까마귀 다섯 마리를 맞추었다는 이야기가 전해 올 정도지. 에이, 순 뻥 아니냐고? 뭐 솔직히 그대로 믿기는 어렵지만, 그래도 이런 말이 나올 정도면 활 솜씨가 탁월했던 건 맞을 거야.

또 작전을 세우고, 전투를 지휘하는 능력이 뛰어났을 뿐 아니라 좋은 지도자이기도 했어. '여러 장수들 가운데 이성계만이 부하를 점잖게 대하고 평생 싫은 소리를 하지 않아 다른 장수의 부하들도 그의 부하가 되기를 원했다.'는 기록을 보면 짐작할 수 있지.

앗, 그런데 그 기록 누가 쓴 거냐고? 이제 너도 제법 역사 공부 방법을 아는구나! 물론 조선 시대 역사학자들이 썼어. 그래, 이성계의 후손들이 썼으니 좀 후한 평가를 했겠지. 그래도 인연을 맺은 사람들을 끝까지 신뢰하고 잘 챙

긴 것은 분명했던 거 같아.

홍건적을 몰아내며 젊은 영웅으로 떠오른 이성계는 그 뒤 30여 년간 전쟁터를 누비며 수많은 공을 세웠어. 반란을 진압하기도 했고, 수만 명의 군사를 이끌고 쳐들어온 원나라 장수 나하추를 물리치기도 했지. 왜구를 무찔렀고, 여진족의 침입을 막아 내기도 했어.

그런데 이 무렵 고려에는 이성계 말고 한 사람의 영웅이 더 있었어. 홍건적이 쳐들어왔을 때 이성계가 동대문으로 개경에 들어왔다면, 그보다 조금 늦기는 했지만 서대문으로 개경에 들어왔던 장수! 최영이야.

이성계보다 스무 살 정도 많았던 최영 역시 고려 후기 최고의 장군으로 홍건적과 왜구를 물리치는 데 공을 세운 영웅이었어. 원나라가 공민왕을 쫓아내려고 1만 명의 군사를 보냈을 때에도 최영과 이성계가 함께 힘을 모아 이들을 물리쳤지.

하지만 최영은 중앙의 귀족 가문 출신이었던 반면, 이성계는 변방˙ 출신이다 보니 중앙의 귀족들보다 신진 사대부라고 불리는 젊은 성리학자들과 가까웠어.

이런 정치적 입장 차이

변방 중심지에서 멀리 떨어진 가장자리 지역

때문에 두 사람의 사이는 멀어져 결국 서로 칼을 겨누는 일까지 생기지.

그 이야기를 좀 더 자세히 해 볼까? 우리 역사에서 매우 중요한 사건 가운데 하나니까 잘 들어 봐.

1388년 명나라는 고려에 선언했어.

"철령 이북의 땅은 원나라에 속했던 곳이니 이제 명나라에 속한다."

이게 무슨 말이냐면, 원래 철령 북쪽 땅은 고려 땅이었는데 원나라가 고려를 침략했을 때 여기를 빼앗아 갔어. 그 뒤 고려의 공민왕이 이 땅을 되찾았고. 이성계의 아버지 이자춘이 큰 공을 세웠다는 그때 말이야.

그럼 여기는 다시 고려 땅이 되었겠지? 하지만 원나라를 몰아내고 중국을 차지한 명나라가 이제 여기가 자기네 땅이라고 통보를 해 온 거야.

고려 조정은 발칵 뒤집혔어. 기껏 되찾은 땅을 다시 내놓으라니 이런 날강도 같은 소리가 어디 있어? 자자, 흥분을 조금 가라앉히고 왜 이런 일이 일어났는지 천천히 따져 보자.

❖❖❖

명나라와 친하게 지내던 공민왕이 갑작스럽게 죽고 나자, 명나라는 고려가 원나라와 다시 친하게 지내는 건 아닌지 의심했어. 그럴 만도 했지. 여덟 살밖에 안 된 우왕이 왕위에 오르니 고려 귀족들이 예전처럼 원나라와 손을 잡으려 했거든. 긴 세월 원나라와 가까운 관계를 맺어 온 귀족들이 많았기 때문이야. 명나라는 이를 알고 엄포를 놓은 것이고. 명나라가 진짜 철령 이북 땅을 차지하려 했던 건지 그냥 겁만 준 건지는 잘 모르겠지만, 어쨌든 고려 조정은 비상이 걸렸어.

조정의 의견은 둘로 나뉘었어. 먼저 당시 최고 권력자였던 최영은 명나라에 본때를 보여 주자고 했어. 명나라 땅인 요동 지역을 먼저 공격하자고 말이야. 반면 그때 2인자라고 할 수 있었던 이성계는 반대했어. 그 이유가 네 가지 있는데 들어 봐.

☝ 첫째, 작은 나라가 큰 나라를 먼저 공격하는 것은 위험하다.
✌ 둘째, 여름철에 전쟁을 벌이면 군사들이 지쳐서 싸우기 어렵다.
🤟 셋째, 요동을 공격하는 사이, 남쪽에서 왜구가 쳐들어올 수 있다.
🖖 넷째, 무덥고 비가 많이 와서 활에 먹인 아교˚가 녹고, 군사들이 전염병에 걸릴 수 있다.

우왕은 누구의 말을 따랐을까? 힌트를 주자면 우왕은 최영의 딸을 왕비로 맞을 정도로 최영에게 크게 의지하고 있었어. 이제 답을 알겠지? 빙고, 우왕은 최영의 말대로 요동을 공격하기로 했어.

왕이 명령하자 좌군도통사 조민수와 우군도통사 이성계는 결국 7만 군사와 함께 요동으로 떠났어. 하지만 길을 떠나면서도 이성계는 이게 아니다 싶었나 봐. 개경에서 출발한 군대가 압록강 한가운데 있는 섬 위화도에 도착할 때까지 19일이나 걸렸대. 돌아올 때에는 9일밖에 걸리지 않았는데……. 일부러 서두르지 않았던 것 같지?

또 위화도에 도착한 뒤에도 14일이나 시간을 그냥 흘려보냈어. 강만 건너면 바로 요동 땅인데 말이야.

그러다 이성계는 우왕에게 사람을 보내 일렀지.

"장마로 물이 불어 강을 건널 수 없으니 회군을 허락해 주십시오."

회군, 그러니까 군사를 되돌려 돌아가게 해 달라는 부탁이었어.

아교 짐승 가죽 등으로 만든 풀

하지만 돌아온 대답은 빨리 공격하라는 명령뿐이었지.

이성계는 얼마간 깊게 생각하는 듯하더니 군사들에게 선언했어.

"만약 명나라를 공격하면 나라와 백성에게 큰 화가 미칠 것이다. 내가 옳고 그른 것을 가려 회군을 청했지만, 왕은 반성하지 않고 최영도 듣지 않으니 그대들과 같이 왕을 만나 친히 이야기하고, 임금 옆에 있는 악당들을 없애 나라를 구해야겠다."

이성계(1335~1408)
고려의 뛰어난 장군. 홍건적과 왜구를 물리치는 데 공을 세웠다. 위화도 회군을 계기로 권력을 장악하고는 조선 왕조를 열어 제1대 임금이 되었다.

그런 뒤 군대를 이끌고 개경으로 돌아왔어.

이 사건을 '위화도 회군'이라고 해. 위화도에서 군대를 되돌려 왔다는 뜻이야.

왕의 명령을 어기고, 더구나 군대를 이끌고 왕이 있는 개경으로 왔다는 건 무슨 뜻일까?

그래, 반역*이야. 우왕, 그리고 최영과 한판 붙겠다는 거지.

이성계가 군대를 이끌고 돌아온다는 소식이 전해지자, 최영은 개경에 남아 있던 군사들을 모아 이성계를 막으려 했어. 그러나 군사 수가 얼마 없었어. 결과는 이성계의 승리! 이성계는 최영을 귀양 보내고, 우왕을 왕위에서 물러나게 하고는 모든 권력을 손에 넣었어.

그렇게 해서 이성계가 조선을 세웠냐고? 아직은 아냐. 나라를 세우는 일이 어디 그리 쉬운가?

고려는 500년에 가까운 긴 역사를 가진 나라야. 비록 당시는 홍건적과 왜구의 침입으로 어려움을 겪고 있었고, 원나라를 따르는 사람들과 명나라를 따르는 사람들, 고려의 틀 안에서 나라를 개혁하려는 사람들과 그 틀마저 깨려는 사람들로 나뉘어 정치가 혼란스러웠지만, 그 속에서도 고려 왕조를 지키려는 사람이 많았지.

❖❖❖

조선을 세우는 데에는 4년이라는 시간이 더 걸렸어.

이성계는 우선 우왕의 아들인 창왕을 왕위에 앉혔다가 1년 뒤 내쫓고, 공양왕을 다시 왕으로 세웠어. 그가 고려의 마지막 왕이야. 공양왕의 이름을 한자로 풀면, '공손하게 양보했다.'는 뜻이래. 양보라니, 뭘 양보했을까? 그래, 바로 왕위야.

창왕과 공양왕이 왕위에 있는 동안 이성계와 그를 따르는 세력들은 차근차

반역 나라를 다스리는 권한을 빼앗으려 하는 일

근 새 나라를 세울 준비를 해 나갔어. 먼저 귀족들이 제멋대로 차지하고 있던 토지를 빼앗아 나라의 땅으로 삼거나 농민들에게 돌려주었지. 또 이성계에 반대하는 세력을 없애거나 설득해 자기편으로 만들기도 했고.

1392년 7월, 이성계는 마침내 왕(태조)이 되었어. 하지만 이때만 해도 고려라는 나라의 이름을 그대로 사용했고, 예식과 법, 제도 등도 옛것을 그대로 썼어. 백성들이 반발할까 조심 또 조심했던 거야.

그 다음 해에야 비로소 나라 이름을 조선으로 바꾸었고, 2년 뒤에는 고려의 영향을 벗어난 새로운 터전, 한양으로 도읍을 옮겼지. 지금의 서울 말이야.

왕위에 오를 당시 태조 이성계의 나이는 이미 쉰여덟 살이었어. 왕위에 오르면서 바로 후계자도 정해야 했지. 태조에게는 아들이

여덟 명 있었어. 첫 번째 부인인 신의 왕후에게서 여섯 형제를 두었고, 두 번째 부인인 신덕 왕후에게서 두 명의 아들을 더 두었거든.

그런데 신의 왕후는 일찍 죽었고, 남은 신덕 왕후의 집안이 조선을 세우는 데 많은 도움을 주었어. 그래서 태조는 열한 살의 막내아들 방석을 세자로 책봉˚했어. 그러자 다른 왕자들의 불만이 컸지. 특히 조선 건국에 큰 공을 세웠던 다섯째 아들 방원은 몹시 분개했어.

그러다 신덕 왕후도 죽고 태조마저 병석에 눕자, 이방원은 형제들을 죽이고 권력을 손에 넣었어. 이 일로 태조는 몹시 상심하여 왕위를 내놓고 함경도 함흥으로 떠났다가 2년 뒤 한양으로 돌아왔지. 돌아와 얼마 지나지 않아 1408년, 일흔넷의 나이로 세상을 떠났어.

책봉 왕이나 왕비 등을 임명하는 것

복습하는 인물 연표

1335년	1361년	1362년	1388년	1392년	1394년
이자춘의 아들 이성계가 함경남도에서 태어났다.	이성계가 홍건적을 물리치고, 고려의 도읍 개경을 되찾았다.	이성계가 원나라의 장수 나하추를 물리쳤다.	요동을 정벌하러 간 이성계가 군사를 돌려 개경으로 돌아왔다.	이성계가 조선을 건국하고 왕위에 올랐다.	조선의 도읍을 한양으로 옮겼다.

이성계가 마음에 쏙 들어 한 새 도읍 한양

　조선을 세운 이성계는 새 도읍에서 나라를 시작하고 싶었어. 아무래도 옛 도읍 개경에는 고려 때 신하들이 많이 살았고, 고려의 영향도 짙게 남아 있었으니까.

　이성계는 신하들에게 새 도읍이 될 곳을 찾아보라고 했어. 신하들은 후보지로 계룡산 아래 신도안과 서울의 무악 일대 등 몇몇 곳을 골랐어. 그런데 계룡산 쪽은 너무 좁았고, 남쪽이라 교통도 불편했어. 서울 무악 일대 역시 나라의 도읍으로는 비좁았어.

　그러다 이성계의 마음에 쏙 든 곳이 있었으니 바로 한양이야. 한때 백제의 도읍이었던 데다 고려의 남경이 있었던 곳이기도 했지! 그렇게 한양은 조선의 도읍이 되었어.

　한양은 나라의 중심에 있어 어디로든 이동하기 편했고, 한강이 바로 옆에 있다는 것도 큰 장점이었어. 당시에는 전국에서 세금을 거둬 배로 실어 왔기 때문에 강이 있으면 편리했거든. 뿐만 아니라 한양은 산으로 둘러싸여 있어 외적의 침입을 막기에 유리하고, 평야가 많아 농사짓기에도 좋은 땅이었어.

> 고려 말 정치적 혼란 속에서 새 나라를 꿈꾸는 관리가 있었다. 그는 이성계와 손을 잡고 조선을 세운 뒤, 이상적인 나라를 만들기 위한 작업을 하나씩 진행해 간다.

정도전,
이상적인 나라 조선의 기초를 닦다

"이 군사를 가지면 무슨 일인들 못 하겠습니까?"

1383년 가을, 함경도 함흥에 있는 고려의 장수 이성계를 찾아온 정도전은 의미심장한 말을 던졌어. 이게 무슨 말인가 하고 자신을 빤히 쳐다보는 이성계에게 일단 정도전은 이렇게 둘러댔지.

"남쪽을 침략하는 왜구를 물리칠 수 있다는 말입니다."

그로부터 9년 뒤, 정도전은 이성계를 도와 조선을 세웠어.

그 사이 어떤 일이 일어났던 것일까? 정도전이 이성계에게 했던 이 말은 정말 단순히 왜구를 물리치자는 이야기였을까?

◆◆◆

먼저 정도전이 어떤 사람인지 알아보자. 정도전은 경상북도 영주에서 태어났어. 정도전의 집안은 지방에서 낮은 벼슬을 하던, 다시 말해 별로 내세울 것 없는 가문이었어. 하지만 아버지 정운경이 개경에서 높은 벼슬에 오르면서 정도전도 당시 최고의 학자 이색에게 학문을 배울 수 있었지. 총명하고 공부하기를 좋아했던 정도전은 매우 우수한 학생이었다고 해.

그는 주변의 기대대로 스무 살 되던 해에 과거에 합격했고, 조정에 들어간 다음에는 공민왕이 매우 사랑하는 신하로 성장했어.

고려에 이래라저래라 간섭하던 원나라를 멀리하고, 위태롭던 고려를 개혁하기 위해 노력한 공민왕, 기억하니? 공민왕은 당시 원나라와 가까이 지내던 세력인 친원파를 쫓아내고 자신을 도울 젊은 학자들을 키워 나갔는데, 정도전도 그중 하나였던 거야.

물론 공민왕이 허무하게 죽으면서 개혁은 실패했어. 다시 권력을 잡은 친원파는 원나라와 외교 관계를 맺으려 했지. 이때 정도전은 격렬하게 반대하며 상소*까지 올렸지만 받아들여지지 않았어.

몇 달 뒤, 고려에 원나라의 사신이 왔어. 그런데 친원파들이 그 사신을 맞이하는 벼슬에 정도전을 추천한 거야. 원나라와의 외교 관계를 그토록 반대했던 정도전을 원나라 사신을 맞이하는 벼슬에 추천하다니……. 그래, 바로

상소 임금에게 올리는 글

함정이었어.

만약 이 벼슬을 받아들인다면 정도전은 자신의 뜻을 꺾은 소인배˙가 되는 거고, 그렇다고 벼슬을 거부한다면 왕의 명을 어긴 벌을 받아야만 했던 거야.

정도전은 어떻게 했을까? 그는 벼슬을 거부하는 데에 그치지 않고 원나라 사신의 목을 베어 오겠다며 펄펄 뛰었어. 그러자 친원파들은 기다렸다는 듯이 정도전을 귀양 보냈지.

그 일이 있은 뒤 10년 동안 정도전은 벼슬길에 나가지 못했어. 앞서 정도전의 집안이 좋은 편은 아니었다고 했지? 정도전은 가진 재산이 없어 자주 이사를 다녀야 했고, 직접 농사를 지어 먹고살기도 했어.

그러면서 고려 말 백성들의 삶이 얼마나 어려운지 온몸으로 느꼈지. 당시 백성들은 나라가 어려워 겪는 고통에 더해 친원파 귀족들의 횡포까지 견디느라 매우 힘들었어. 귀족들이 안 그래도 가난한 백성들의 좁은 땅마저 빼앗아 가는 일이 많았거든. 그걸 보며 정도전은 무슨 생각을 했을까?

❖ ❖ ❖

그렇게 벼슬에서 멀어진 지 9년째 되던 어느 날, 정도전은 마침내 이성계를 찾아갔어. 그 무렵 이성계는 나가는 전투마다 승리하며 고려의 영웅으로 떠

소인배 마음 씀씀이가 좁고 나쁜 꾀를 부리는 사람

오르고 있었지. 정도전은 자신의 꿈을 함께 이룰 파트너로 이성계를 선택했던 거야.

정도전의 꿈이 무엇이었냐고? 정도전은 백성들의 마음이 고려를 이미 떠났다고 생각했어. 또 백성들의 마음을 얻지 못하는 왕은 더 이상 왕이 아니라고 믿었지. 그는 백성들의 마음을 얻을 수 있는 왕을 세우고, 그런 왕이 다스리는 나라를 만들고 싶어 했어. 그 꿈을 이루어 낼 인물로 이성계를 선택했던 거고.

그때부터 정도전은 이성계에게 많은 영향을 미쳤고, 두 사람의 신뢰는 정도전이 목숨을 잃을 때까지 변함없이 이어졌어.

10년의 고생 끝에 정도전에게 드디어 기회가 찾아왔어. 고려와 명나라 사이에 외교 문제가 일어나자 조정에서는 그 일을 처리할 사람으로 정몽주를 골랐는데, 정몽주가 함께 일할 인물로 정도전을 추천한 거야. 고려가 원나라와 가깝게 지내면서 명나라의 심기가 불편해진 때라 자칫 목숨을 잃을 수 있는 위험한 일이긴 했어. 하지만 정몽주와 정도전은 이

일을 잘 처리했고, 다시 벼슬길에 나갈 수 있었지.

그러다 위화도 회군으로 이성계가 나라의 권력을 모두 손에 넣으면서 정도전은 더욱 큰 기회를 얻게 돼. 이성계의 든든한 조력자로서 새 나라를 만드는 준비를 하게 된 거야. 정도전은 백성들

의 마음을 얻을 수 있는 정책을 차근차근 펴 나갔어. 그러면서 새 나라를 세우는 데에 반대하는 세력들을 제거해 나갔지.

그들을 다 죽였냐고? 아니, 부정부패를 이유로 벌을 주면서 땅과 재산을 빼앗아 힘을 약하게 했어. 그렇게 모든 준비가 끝난 1392년, 이성계는 왕의 자리에 올랐고, 드디어 조선이 건국된 거야.

자, 이제 정도전은 그 꿈을 다 이룬 걸까? 아직은 아니었어. 새 나라를 세우는 것으로 다 끝나는 게 아니라 이상적인 나라를 세우고 싶어 했으니까 본격적인 일은 이제부터 시작된 셈이지.

정도전은 우선 조선을 다스리는 법인《조선경국전》을 펴내 새로운 국가의

정도전(1342~1398)
조선의 재상. 이성계가 조선을 여는 데 큰 힘을 보탰다. 새 도읍 한양을 설계하는 등 조선의 바탕을 마련한 인물이다.

기틀을 마련했어. 군사력을 갖추기 위해 직접 병법˚에 대한 책도 펴냈고, 중앙의 관직과 지방 행정의 틀도 마련했지.

조선의 새 도읍 한양의 모습을 설계하고, 각 궁궐에 이름을 붙인 것도 모두 정도전이야. 한마디로 그는 조선이라는 나라를 전부 설계했다고 할 수 있어. 어때, 대단하지?

❖ ❖ ❖

이 밖에도 정도전의 꿈이 하나 더 있었어. 그건 바로 재상˚이 중심이 되는 정치를 하겠다는 것이었지. 말이 좀 어렵다, 그렇지? 이게 무슨 뜻이냐면, 나라를 왕 한 사람의 뜻대로만 다스리지 않고 현명한 재상을 뽑아 그에게 정치를 맡긴다는 거야.

왕이란 세습, 그러니까 대대로 물려받는 거잖아. 포악하고 현명하지 못한 사람이 왕의 아들이라는 이유 하나만으로 왕이 되어 자기 뜻대로만 나라를 다스리면 어떻게 되겠어? 백성들은 얼마나 살기 어려워질까?

그래서 태조 이성계가 후계자를 누구로 할지 고민할 때에도 정도전은 성격이 강한 방원보다 나이가 어린 방석을 추천했어. 하지만 이것에 불만을 품은 이방원이 왕자의 난을 일으키면서 정도전은 죽음을 맞고 말았지. 정도전과는 반대로 이방원은 왕의 세력이 강해야 나라를 안정적으로 다스릴 수 있다고 믿었거든.

이방원은 이런 이유로 정도전을 죽였으면서도 정도전이 어린 세자를 위해

병법 군사를 이끌어 전쟁하는 방법
재상 임금을 돕고 모든 관리를 감독하는 벼슬아치

임금의 아들들을 죽이려 했기 때문에 자기가 먼저 처형해야 했다고 역사에 기록했어.

그런 탓에 조선 시대 내내 정도전은 역적˚으로, 또 간신으로 평가되었어. 심지어 역사책에는 "정도전은 자기보다 나은 사람이 있으면 꼭 해치려 하고, 옛날에 품었던 감정은 기어코 보복하려 했으며, 언제나 임금에게 사람을 죽여서 위엄을 세우라고 권했다."라고 써 놓았다니까.

하지만 다른 기록을 살펴보면, 완전히 다른 사람 같아.

"나라를 세운 초기에 펼친 큰 정책은 모두 정도전이 골라 정한 것으로 당시 영웅호걸이 동시에 일어났으나 정도전과 더불어 견줄 자가 없었다."라는 글

역적 나라와 왕을 배반한 사람

도 남아 있고, 태조 이성계는 술에 취할 때마다 "정도전이 없었다면 내가 어찌 오늘 이 자리에 있을 수 있겠는가."라며 정도전의 공을 인정했다는 기록도 남아 있어.

조선을 세울 때 큰 공을 세운 것은 물론 조선이라는 나라의 기초를 설계했지만, 조선 시대 내내 역적이라는 이름으로 살아야 했던 정도전! 참 불쌍한 사람인 거 같네.

아, 참. 마지막으로 한 가지만 생각해 보자. 그럼 정도전은 자신의 꿈을 이룬 걸까, 이루지 못한 걸까?

복습하는 인물 연표

1342년	1361년	1383년	1392년	1398년
정운경의 아들 정도전이 경상북도 영주에서 태어났다.	과거에 합격해 벼슬길에 올라 공민왕이 아끼는 신하로 성장했다.	친원파의 모함으로 벼슬에서 물러나 있던 중 이성계를 만났다.	조선이 건국되고, 정도전은 새 나라의 기초 설계를 맡아 활약했다.	정도전은 이방원이 일으킨 왕자의 난으로 죽음을 맞았다.

조금 더 알아볼까?

어딜 가나 유학의 정신이 흐르는 한양

정도전은 조선의 도읍 한양을 유학의 정신을 담아 설계했어.

우선 왕이 사는 궁궐을 중심으로 왼쪽에는 종묘, 오른쪽에는 사직을 세웠지. '종묘'는 역대 왕에게 제사를 지내는 곳이며, '사직'은 땅과 곡식의 신에게 제사를 지내는 곳이야. 유학에서는 제사가 매우 중요한데, 그러한 사상을 반영한 것이지.

도성 둘레에는 성을 쌓고 성벽 동서남북에 사대문을 만들었는데, 이것의 이름도 유학에서 중요하게 여기는 덕목인 인(仁 어질 인), 의(義 옳을 의), 예(禮 예의 바를 예), 지(智 지혜로울 지), 신(信 믿을 신)을 넣어 지었어.

동대문의 이름은 '인' 자를 넣어 '흥인지문', 서대문은 '의' 자를 넣어 '돈의문', 남대문은 '예' 자를 넣어 '숭례문', 북대문은 '지' 자를 넣어 '소지문' 하는 식으로 말이야. 그럼 '신' 자는 어디에 넣었을까? 사대문의 중앙에 종을 걸어 놓은 곳, '보신각'에 넣었지.

그 외에도 중앙에 세운 궁궐 이름을 '큰 복'이라는 뜻에서 '경복궁'이라 했고, 궁궐 안 건물 이름도 유학 사상을 따라 지었어.

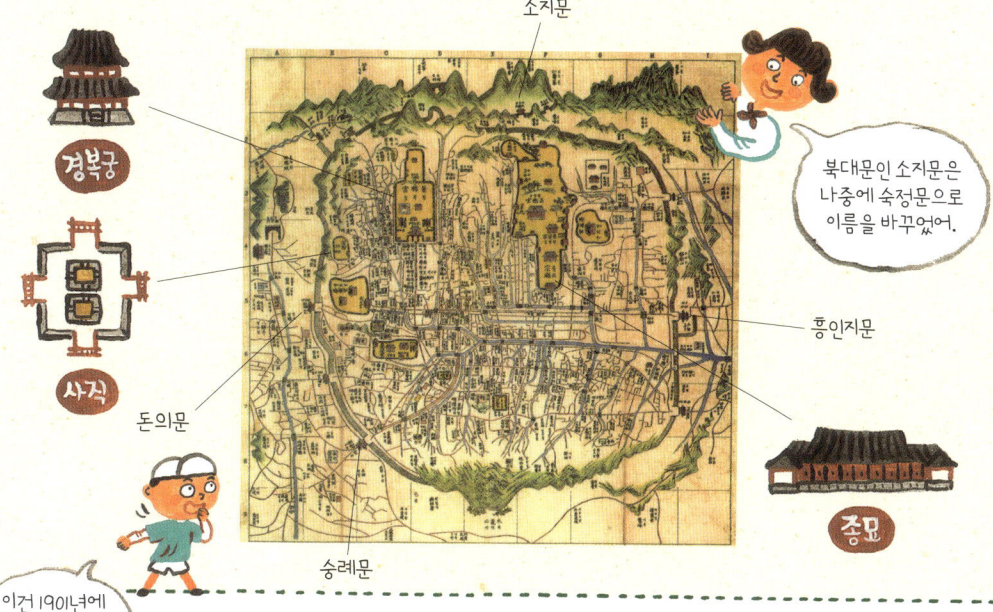

소지문
경복궁
사직
돈의문
숭례문
흥인지문
종묘

북대문인 소지문은 나중에 숙정문으로 이름을 바꾸었어.

이건 1901년에 그린 한양 지도래요.

정도전 * 31

> 태조 이성계와 함께 조선을 세운 신하들은 현명한 재상이 나라를 다스리기 바랐으나 이방원의 생각은 달랐다. 수많은 사람을 죽이고 왕이 된 그는 더욱 강한 왕권을 꿈꾸는데…….

태종,
강력한 왕권을 세워 조선의 기틀을 잡다

1398년 8월 26일 깊은 밤, 태조 이성계의 다섯째 아들 이방원이 어느 집 앞에 말을 멈춰 세웠어. 조선을 세울 때 큰 공을 세운 신하 가운데 한 사람인 남은의 집이었지. 집 안에서는 남은을 비롯해 정도전 등 당시 가장 큰 권력을 가졌던 신하들이 모여 이야기를 나누고 있었어.

이방원은 데리고 온 군사들에게 낮은 목소리로 말했어.

"남은의 집을 포위하고, 주위의 집 서너 곳에 불을 질러라."

얼마 뒤 앞뒷집에서 불이 나기 시작하자 집 안에 있던 사람들이 놀라 뛰어

나왔어. 뛰어나온 사람들은 영문도 모른 채 칼을 맞고 쓰러졌지. 이상한 낌새를 느낀 정도전과 남은은 겨우 도망쳤지만 곧 이방원 일당에게 잡혀 역시 죽음을 맞았어.

이방원은 그 길로 태조를 찾아가 뒤늦은 보고를 올렸어.

"정도전 등이 왕자들을 죽이려 음모를 꾸미길래 제가 먼저 없애 버렸사옵니다. 급한 상황이라 미리 아뢰지 못했음을 용서하십시오."

이 말이 사실이 아님은 태조도 알고 있었어. 하지만 이미 병이 들어 누워 있는 그에게는 더 이상 아들을 막을 힘이 없었지.

이렇게 세력 있는 신하들을 죽이고 권력을 손에 넣은 이방원은 여기서 그치지 않고 이복형제인 방석과 방번까지도 죽였어.

그런 뒤 둘째 형인 방과를 왕세자˚의 자리에 앉혔지. 자기가 왕세자의 자리에 오르고 싶었지만 그러기에는 아직 주위의 시선이 신경 쓰였던 모양이야. 큰형은 이미 죽고 없었으니, 모양새 좋게 둘째 형에게 왕세자의 자리를 양보했어. 물론 잠깐이긴 했지만.

이것이 제1차 왕자의 난이야. 그런데 왜 이런 일이 벌어졌을까? 왕자들 가운데 조선을 세우는 데 가장 큰 공을 세운 자기나 둘째 형 방과 대신 열한 살밖에 되지 않은 이복동생 방석이 왕세자에 책봉될 때부터 쌓였던 불만이 폭발한 거야. 그래서 방석을 왕세자로 책봉하는 데 큰 영향을 끼친 정도전부터 죽인 거고.

이 끔찍한 사건으로 크게 마음이 상한 태조는 8일 만에 왕위를 내려놓았고, 이성계의 둘째 아들 방과가 조선의 두 번째 왕 정종이 되었어. 그리고 드디어! 이방원이 정종의 후계자 자리에 오르려 하자 또 큰일이 벌어지고 말아. 1400년, 이방원의 바로 윗 형인 방간이 난을 일으킨 거야. 제2차 왕자의 난이었어.

에구, 형제끼리 참 치열하게도 싸웠구나. 하지만 왕의 자리는 결국 이방원에게 돌아갔어. 이방원은 제2차 왕자의 난까지 진압하고 나서 그해 정종의 양보로 왕의 자리에 올랐지. 바로 조선의 세 번째 왕 태종이야.

❖ ❖ ❖

왕세자 임금의 자리를 이을 임금의 아들

어려운 과정을 거쳐 왕이 된 태종은 나라를 안정시키려면 왕의 힘이 신하의 힘보다 강해야 한다고 생각했어. 현명한 재상이 나라를 다스려야 한다고 생각한 정도전과는 사뭇 달랐지? 그랬기에 정도전은 이방원이 세자가 되는 것을 막았고, 이방원은 정도전을 죽였던 거야.

왕이 된 이방원은 평소 생각대로 왕권을 더욱 강하게 하기 위해 노력했어. 먼저 사병부터 없앴지. 사병이 뭐냐고? 개인이 거느리는 군사를 말해. 당시 신분이 높고 돈이 많은 사람들은 개인적으로 군사들을 거느린 경우가 많았어. 물론 이방원 자신도 사병을 거느렸어. 왕자의 난을 일으킬 수 있었던 것도 사병 덕분이었다고 할 수 있고. 그래서 그는 사병이 얼마나 위험한지 누구보다 잘 알고 있었어.

또 사병을 없앤다는 건 왕의 군대 말고는 허락하지 않겠다는 뜻과도 같아. 왕권을 강화하는 첫걸음인 셈이지.

태종은 나라를 다스리는 행정 조직 역시 왕을 중심으로 움직이도록 새롭게 고쳤어. 여기서 잠깐, 조선의 행정 조직에 대해서 살펴보고 가자. 재미가 없을지 모르지만 조선 시대에 어떻게 나라를 다스렸는지 알아보는 데 중요하니 말이야.

조선 시대 가장 높은 벼슬은 영의정, 좌의정, 우의정의 삼정승이었어. 이들이 중심이 되어 나라의 중요한 결정을 내리는 곳이 의정부였고. 육조는 이조, 호조, 예조, 병조, 형조, 공조를 합쳐 부르는 말이었는데, 실제로 나랏일

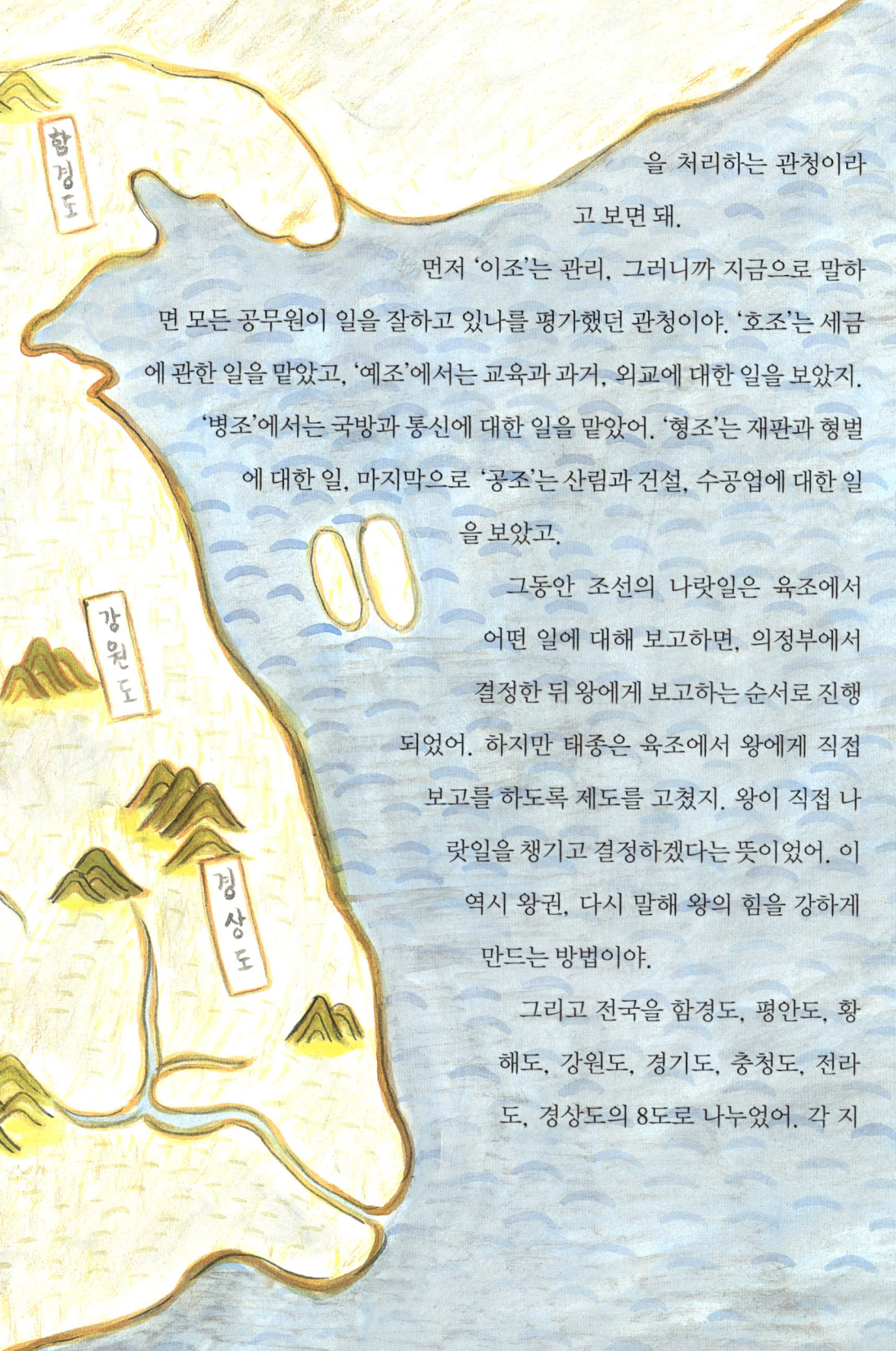

을 처리하는 관청이라고 보면 돼.

먼저 '이조'는 관리, 그러니까 지금으로 말하면 모든 공무원이 일을 잘하고 있나를 평가했던 관청이야. '호조'는 세금에 관한 일을 맡았고, '예조'에서는 교육과 과거, 외교에 대한 일을 보았지. '병조'에서는 국방과 통신에 대한 일을 맡았어. '형조'는 재판과 형벌에 대한 일, 마지막으로 '공조'는 산림과 건설, 수공업에 대한 일을 보았고.

그동안 조선의 나랏일은 육조에서 어떤 일에 대해 보고하면, 의정부에서 결정한 뒤 왕에게 보고하는 순서로 진행되었어. 하지만 태종은 육조에서 왕에게 직접 보고를 하도록 제도를 고쳤지. 왕이 직접 나랏일을 챙기고 결정하겠다는 뜻이었어. 이 역시 왕권, 다시 말해 왕의 힘을 강하게 만드는 방법이야.

그리고 전국을 함경도, 평안도, 황해도, 강원도, 경기도, 충청도, 전라도, 경상도의 8도로 나누었어. 각 지역을 다스릴 관리도 왕이 직접 임명해서 내려보냈고, 16세 이상의 남자들에게는 모두 호패를 차고 다니게 했지.

아, 호패는 나무로 만든 조각에 이름과 태어난 해를 적어서 몸에 차고 다니도록 한 물건이야. 신분에 따라 다르게 생겼기 때문에 호패만 보면 신분은 물론 이름이 무엇인지, 몇 살인지도 모두 알 수 있었어. 오늘날의 주민 등록증이라고나 할까? 이렇게 함으로써 세금을 거두기도, 남자들을 군대에 보내기도 편리해졌어. 무엇보다 태종은 이제 전국을 통제하고 지배할 수 있게 되었지.

❖❖❖

한편 태종이 왕자 시절 몰고 왔던 피바람은 아직도 멈추지 않았어. 태종은 왕권을 위협할 만한 사람들은 예외 없이 제거했거든. 자신이 왕위에 오르는 데 큰 도움을 주었던 처남들마저 세력이 커지자 죽여 버렸고, 아들인 세종의 장인도 제거해 외척의 싹을 잘라 버렸어.

외척은 왕의 어머니 쪽 친척을 말해. 역사를 보면 외척의 세력이 지나치게 커져 나라를 어지럽히는 일이 종종 있었거든. 그걸 잘 알았던 태종은 외척들을 모두 없앤 거야. 이렇게 그는 왕권에 방해가 될 만한 사람들이라면 모두 죽였어.

잔인하다고? 그래, 분명 태종은 많은 사람들을 죽였어. 조선을 건국하는 과정에서, 왕권을 손에 넣는 과정에서, 또 왕권을 안정시키면서도 수많은 사람의 피를 보았지.

하지만 다르게 생각해 볼 수도 있어. 그가 왕권을 강화시키고, 왕권에 위협이 될 만한 싹마저 모조리 잘라 두었기 때문에 세종 대에 안정과 평화를 누릴 수 있었다고 말이야. 덕분에 조선은 많은 발전을 할 수 있었어.

태종의 마지막 고민은 큰아들 양녕 대군이었어. 태종은 양녕 대군을 무척 사랑했어. 또한 자신이 힘겨운 투쟁 끝에 왕위를 차지했기 때문에 자기 아들들에게는 그런 일을 겪게 하고 싶지 않았지.

그래서 일찌감치 큰아들을 왕세자로 책봉했는데, 이런! 양녕 대군이 자꾸 속을 썩이는 거야. 양녕 대군은 술과 여자를 좋아하고 노는 것에만 관심이 있었어. 야단을 쳐도 그때뿐, 나아지지 않았지. 결국 태종은 안타까운 마음을 다잡고 양녕 대군을 내쫓았어. 그러고는 대신 셋째 아들인 충녕 대군

을 왕세자의 자리에 앉혔어.

그런데 왜 둘째도 아니고 셋째 아들을 왕세자로 정했을까? 둘째 아들 효령 대군은 불교에 깊이 빠져 있었던 반면, 충녕 대군은 어려서부터 책 읽기를 좋아하고 반듯해서 여러 사람들의 칭찬을 받고 있었거든.

그렇게 충녕 대군을 왕세자로 앉힌 지 두 달 뒤, 태종은 왕의 자리에서 물러나 상왕이 되었어. 상왕의 '상'이란 '윗 상' 자로, 왕보다 위에 있다는 뜻이야. 왕이 살아 있으면서 왕위를 다음 왕에게 물려주는 경우가 있는데, 이때 물러난 왕을 가리키지. 태종은 왕위를 물려준 다음에도 나라의 중요한 일은 직접 처리했어. 왕세자로 있던 기간이 짧았던 세종(충녕 대군)이 왕의 업무를 제대로 수행할 수 있도록 뒤에서 보살펴 주었던 거야.

상왕이 된 뒤에는 조금 여유가 있었는지 사냥과 온천을 즐기기도 했는데, 어느 날 감기가 심해져 갑자기 세상을 떠나고 말아. 그때 나이 쉰여섯이었지. 온갖 험한 일을 겪으면서도 조선의 기틀을 다졌던 이방원은 한평생을 그렇게 마감했어.

복습하는 인물 연표	1367년	1392년	1398년	1400년	1413년	1418년
	이성계의 다섯 번째 아들 이방원이 태어났다.	이방원이 아버지를 도와 조선의 건국에 힘썼다.	이방원이 세자 책봉에 불만을 갖고, 왕자의 난을 일으켰다.	제2차 왕자의 난을 진압하고, 조선의 제3대 임금에 올랐다.	전국을 8도로 나누고 관리를 내려보냈다.	태종이 충녕 대군에게 왕위를 물려주고 상왕이 되었다.

이방원과 정몽주의 마지막 시 대결

고려가 무너져 가던 무렵, 정몽주라는 인물이 있었어. 그래, 정도전과 함께 명나라에 사신으로 갔던 사람 말이야. 정몽주는 고려 말 가장 뛰어났던 학자이자 정치가로 정도전과 가까이 지냈어. 하지만 고려의 개혁에 대해서는 서로 생각이 달랐지. 정몽주는 고려 안에서 차근차근 개혁하자 했고, 정도전과 이방원 등은 이미 백성의 마음이 고려를 떠났으니 새 나라를 세우자고 했거든.

그렇게 갈등이 깊어지고 있을 때였어. 정몽주의 속마음을 알아보기 위해 이방원이 정몽주에게 시 한 편을 읊어 주었어.

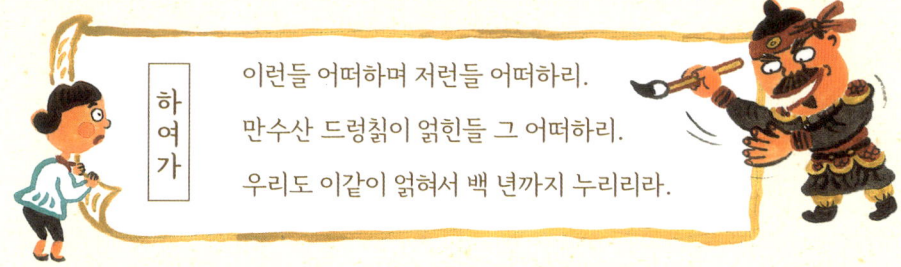

하여가
이런들 어떠하며 저런들 어떠하리.
만수산 드렁칡이 얽힌들 그 어떠하리.
우리도 이같이 얽혀서 백 년까지 누리리라.

그만 고집부리고 자신들과 뜻을 함께하자는 의미를 담은 거야. 그러자 정몽주도 시를 지어 대답했어.

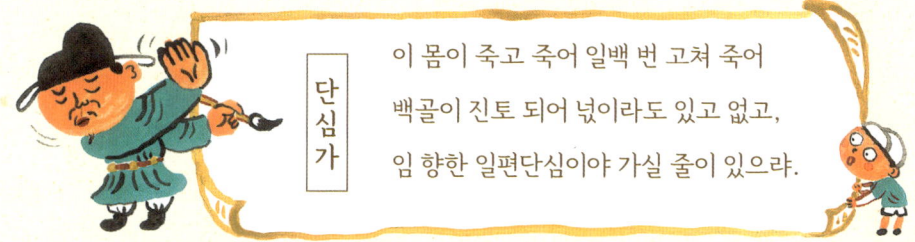

단심가
이 몸이 죽고 죽어 일백 번 고쳐 죽어
백골이 진토 되어 넋이라도 있고 없고,
임 향한 일편단심이야 가실 줄이 있으랴.

정몽주의 시에서 중요한 단어는 '일편단심(변하지 않는 마음)'! 죽어도 고려를 지키겠다는 뜻이지. 결국 이날 정몽주는 이방원의 손에 죽었어. 충신을 잃은 고려는 세 달 뒤 무너졌지.

◀◀ 📼 태종이 강력한 왕권을 바탕으로 조선의 뼈대를 만든 뒤, 이어 조선의 제4대 임금이 된 세종은 학문과 제도, 과학 기술 등을 발전시키며 조선의 황금기를 열었다.

세종,
백성을 아끼는 현명한 정치를 펴다

1418년, 당시 스물두 살이었던 충녕 대군은 태종의 뒤를 이어 조선의 네 번째 임금이 되었어. 왕세자가 된 지 불과 두 달 만이었지. 태종은 큰아들 양녕 대군을 내쫓고 셋째 아들인 충녕 대군을 왕세자의 자리에 앉혔는데, 그 이유는 바로 "천성이 총명하고 학문을 좋아하며, 의견을 내는 것이 합당하다."는 것이었어.

태종의 말대로 세종은 어린 시절부터 책 읽기를 좋아하고, 공부도 엄청나게 많이 했어. 우리나라 역사상 가장 열심히 공부한 왕이라고도 할 수 있지.

도대체 얼마나 열심히 공부했길래 그러냐고? 세종은 유학의 기본 교과서들은 모두 100번씩 읽었대. 딱 한 권만 빼고 모두!

그 외에 역사, 법학, 천문, 음악 등 다양한 책들을 읽었는데, 이 책들도 30번씩이나 읽었어. 한 번 읽기도 어려운데 수십 번씩이라니! 대단하지?

밤에 잠도 자지 않고 책을 읽어 대니 태종이 걱정하며 야단을 치기도 했어. "과거를 볼 것도 아니면서 왜 이렇게 몸을 고단하게 하느냐?"라며 책을 모두 치워 버린 일도 있었지. 보통 부모가 자식을 혼내는 건 공부를 안 해서인데, 세종은 공부를 너무 많이 해서 혼이 났구나.

사실 세종은 공부할 이유가 없었어. 처음부터 왕세자가 아니었으니까.

왕세자는 나중에 나라를 잘 다스려야 하니 어려서부터 똑똑한 학자들을 불러다가 공부를 철저하게 시켰고, 보통 양반의 아들들도 과거를 봐서 벼슬에 올라야 하니 공부를 열심히 했지.

하지만 왕세자가 아닌 임금의 다른 아들들은 관직에 나아가지도 못하고, 과거를 볼 수도 없었어. 그러니 딱히 공부할 필요는 없었지. 슬슬 사냥이나 즐기고 그림을 그려도 되는데, 세종은 공부가 좋아서 마냥 책을 읽고 학문을 닦았던 거야.

그런데 더 대단한 건 단지 책을 많이 읽기만 했던 게 아니라는 데 있어. 세종은 책 좀 봤다고 아는 척하는 신하들을 아주 싫어했대. 읽은 내용의 이치를 이해하고 더 깊이 생각해야 한다고 강조했지. 또 공부한 학문을 실제 나라를 다스리는 데 활용할 줄 알아야 한다고 주장했어.

세종은 갑자기 왕세자가 됐다가 두 달 만에 왕이 되었다고 했지? 그러다 보니 왕이 되기 위한 훈련은 거의 받지 못했어. 그래서 왕이 된 다음에도 4년 정도를 아버지 태종에게 하나하나 물어 가며 나랏일을 보았지.

1422년 태종이 세상을 떠나자 세종은 비로소 직접 나라를 다스리기 시작했어. 다행히 그 시작은 순조로웠어. 아버지였던 태종이 워낙 튼튼하게 왕권을 다져 놓았고, 조선이라는 나라의 뼈대도 이미 완성해 놓았기 때문이야.

❖❖❖

태종이 조선의 뼈대를 세웠다면, 세종은 여기에 꼼꼼하게 살을 붙이는 일을 했다고 할 수 있어. 그런데 세종은 어릴 적부터 공붓벌레였던 만큼 일하는 방법 역시 학자와 같았어.

예를 들어 새로운 규칙을 하나 만든다고 하면, 일단 책에서 그것에 대한 자료부터 찾았지. 옛날에는 어떻게 했는지, 그리고 중국에서는 어떻게 했는지 모두 알아보는 거야. 그런 다음에 우리나라의 현재 사정이 어떤지 또 조사했어. 그 자료를 모두 모아 정리한 뒤에 비로소 새 규칙을 만들어 내는 거야.

이처럼 꼼꼼하게 일했으니 좋은 정책들을 만들 수 있었겠지? 정책을 만드는 관리들은 좀 피곤했겠지만……. 아마 그중 제일 피곤했던 건 바로 세종이 아니었을까? 자료들을 직접 다 찾아보고, 관리들에게 일일이 업무를 지시하기도 했다니 말이야.

이렇게 직접 책을 뒤지며 정책을 만들다 보니까 세종은 우리나라 역사에 대한 자료가 너무 부족하다는 것을 알게 되었어. 그래서 역사를 편찬하는 일을 시작했지. 이때에도 얼마나 꼼꼼하게 일했는지 잘 들어 봐.

우선 세종은 중국의 역사책 가운데 가장 잘 썼다는 책을 가져다가 학자들과 함께 공부했어. 그런데 중국은 역사가 길어서 역사책의 분량도 엄청 많거든. 그런데도 그 많은 걸 다 공부하고 그것을 해설하는 책까지 쓴 뒤에야 고려에 대한 역사를 쓰기 시작했어. 와, 정말 힘들고 또 오래 걸렸겠지? 오늘날까지 전해 오는 《고려사》는 그렇게 탄생되었대.

또 세종 때는 새로운 제도들을 처음으로 실시하려다 보니 우리 문화와 땅에 대해서도 더 잘 알아야 했어. 그래서 지방관들에게 각 지역의 지도, 풍습, 생태 등을 조사하라고 명령했지. 세종은 이 자료들을 모아 역시 책으로 만들어 두었어. 조선의 건국 이념인 유교의 윤리를 백성들이 잘 실천하도록 하기 위해 《삼강행실도》라는 책을 펴내 널리 읽히기도 했고.

 이렇게 세종 시대에는 여러 분야에 대한 연구가 많았고, 책도 많이 펴냈어. 이때에 책을 얼마나 많이 만들었는지 인쇄 기술도 덩달아 발전해 인쇄 속도가 열 배나 빨라졌다고 해.

 그런데 이 많은 연구를 세종 혼자 다 했을까? 도저히 혼자서는 다 할 수 없는 양이야. 학문 연구 기관으로 만든 집현전에서 정인지, 성삼문, 신숙주 같은 젊고 총명한 학자들이 세종을 도와 함께 연구하고 책도 만들었지.

 세종은 과학에도 관심이 많았어. 장영실을 비롯해 과학자들은 세종의 명

령에 따라 천문 관측기구인 혼천의, 해시계인 앙부일구, 물시계인 자격루 등을 만들었어. 조선에 맞는 천문 서적인 《칠정산》도 펴냈고.

이 외에도 조선의 음악을 정리하고 새 음악을 만들었으며, 농업, 수학, 약재, 지리 등에 대한 책도 펴냈지. 세금, 형법, 교통 등 여러 가지 제도들도 만들었어. 이러한 것들은 훗날 조선에서 실시된 모든 제도의 기초가 되었어. 정말 대단하지?

이렇게 세종은 조선 시대 임금 가운데 가장 능력이 뛰어났고, 또 가장 많은

업적을 남겼다는 평가를 받아. 그러나 세종을 위대한 왕이라 부르는 것이 이러한 능력 때문만은 아니야.

무엇보다 세종은 백성을 사랑한 어진 왕이었어. 백성들에게 자주 은혜를 베풀었고, 백성들의 죄를 너그럽게 용서해 주기도 했지. 나랏일로 부른 군사들도 언제나 약속한 시간보다 일찍 집으로 돌려보냈대.

세종은 당시 가장 낮은 신분이었던 노비의 처지도 불쌍히 여겼어. 아무리 노비라도 그 주인이 심하게 대하지 못하도록 했고, 주인이 실수로라도 노비를 죽이면 처벌을 받도록 했지. 또 그전까지는 관공서에 속한 노비가 아이를 낳으면 겨우 7일만 휴가를 주었는데, 세종은 아이를 낳기 전 1개월, 낳은 뒤에는 100일 동안 쉴 수 있도록 했대. 그 남편에게도 1개월까지 휴가를 주었고. 와, 정말 관대하고 좋은 왕이었구나!

신하들은 왕이 너무 관대하면 백성들이 바라는 게 많아진다며 반대했지만, 그럴수록 세종은 백성들을 위한 정책을 더욱 많이 펼쳤어. 훈민정음 창제도 이렇게 백성을 사랑하는 마음에서 시작되었지.

❖ ❖ ❖

훈민정음을 만들기 전까지 우리나라에서는 중국의 한자를 사용했어. 그런데 한자가 얼마나 어렵니? 복잡하기도 하고, 글자도 엄청나게 많잖아. 그러니 글을 배울 시간도, 돈도 충분하지 않은 일반 백성들은 글을 읽거나 쓸 줄 모르는 채 평생을 사는 게 대부분이었어.

그래서 세종은 백성들이 쉽게 익혀 편리하게 사용할 수 있는 글자를 만들고자 했어. 그러고는 사람의 몸에서 소리를 내는 기관인 입, 혀, 입안, 목구멍의 모양을 본떠 자음 17자를 만들고, 하늘, 땅, 사람의 모양을 본떠 모음 11자를 만들어 총 28개의 글자를 완성했지. 이 28자만 익히면 누구나 글씨를 읽고 쓸 수 있게 된 거야.

왜 굳이 세종은 백성들이 글을 알아야 한다고 생각했을까?

'훈민정음'이라는 한자 말을 풀면 '백성들을 가르치는 바른 소리'라는 뜻이야. 백성들을 가르쳐 나라를 잘 다스리려는 세종의 뜻이 담겨 있지. 세종은 나라의 법이나 정책을 백성들이 잘 알아야 이를 성실하게 따르고 지킬 수 있다고 생각했던 것 같아. 나라의 법이 무엇인지 알아야 모르고 죄를 짓는 경우가 없어진다는 것이지.

그런데 당시 양반들 대부분은 훈민정음을 강하게 반대했어. 왜일까? 훈민정음이 나오기 전까지는 양반들만 글을 읽고 쓸 줄 알았어. 그렇게 글을 읽고 쓰는 건 자기들만의 특권이나 마찬가지였는데, 갑자기 쉬운 글자를 만들어 그 특권을 없애겠다니 반발할 수밖에.

또 다른 이유도 있어. 당시 중국은 문화적으로 선진국이었는데, 중국의 언어인 한자 대신 새 언어를 쓰겠다는 건 예의가 아니라는 거야. 양반들은 그것이 스스로 오랑캐가 되는 일이라고 믿었어.

그런 이유로 훈민정음은 오랫동안 양반들의 외면을 받았어. 훈민정음을 쓴 건 주로 여자나 가난한 백성들이었지. 그러다 오랜 시간이 흘러 조선 시대가 거의 끝나 갈 무렵에야 비로소 인정을 받기 시작했어.

와, 세종은 정말 많은 일을 했네! 하지만 이렇게 다양한 분야에서 온 힘을 쏟아 연구를 하다 보니 젊을 때부터 건강이

세종(1397~1450)
우리 역사상 가장 존경받는 임금. 집현전을 두어 학문을 장려했으며 많은 책을 편찬했다. 또한 훈민정음을 창제하고 측우기, 해시계 등 과학 기구도 제작해 찬란한 민족 문화를 꽃피웠다.

좋지 않았어. 40대 초반쯤부터는 하루 종일 앉아서 나랏일을 볼 수 없을 만큼 체력이 나빠졌다고 해. 많이 움직이지 않고 책만 봐서인지 지금으로 말하면 당뇨병에 걸렸던 거 같아.

　그렇게 건강이 좋지 못함에도 새로 나온 책

들을 수십 권씩 직접 검토하곤 했어. 학문에 대한 열정은 끊이지 않았지.

결국 세종은 1450년 쉰넷의 나이로 세상을 떠났어.

복습하는 인물 연표	1418년	1420년	1431년	1433~1434년	1446년
	태종을 이어 충녕대군이 조선의 제4대 임금에 올랐다.	세종이 집현전을 설치하고, 젊은 학자들에게 학문을 연구하도록 했다.	유교의 윤리를 담은 《삼강행실도》를 편찬했다.	여진족을 몰아내고 두만강과 압록강에 4군 6진을 설치해 영토를 넓혔다.	세종이 집현전의 학자들과 함께 훈민정음을 창제해 반포했다.

조금 더 알아볼까?

강원도 영월에서 잠든 세종의 손자, 단종

세종의 뒤를 이은 문종은 아버지를 닮아 어질고 지혜로웠지만 몸이 약했어. 그래서 왕위에 오른 지 2년 만에 세상을 떠나고 말아. 그의 뒤는 아들 단종이 이어 조선 제6대 임금이 되었지.

하지만 단종은 그때 열두 살밖에 되지 않았어. 또 아버지뿐 아니라 어머니, 할머니, 할아버지도 모두 세상을 떠나 의지할 데가 없는 처지였고. 단종 곁에 있는 사람이라곤 이미 어른이 되어 그를 위협하고 있는 작은 아버지들뿐이었어. 문종의 형제들 말이야.

문종은 세상을 떠나며 신하들에게 어린 아들을 잘 보살펴 달라고 부탁했대. 그 유언에 따라 단종이 왕위에 오른 뒤 한동안은 그 신하들을 중심으로 나라의 중요한 일이 결정되었어. 하지만 단종을 위협하던 작은 아버지 가운데 하나인 수양 대군이 결국 왕위를 빼앗지. 그가 바로 조선 제7대 임금이 된 세조야.

단종은 그 뒤 어떻게 되었을까? 강원도 영월로 유배를 갔다가 그곳에서 죽음을 맞았어. 세조의 기록에는 단종이 스스로 죽었다고 했지만, 다른 기록들은 세조가 죽였다고 밝히고 있지.

> 세종은 과학 기술 분야에도 관심이 많았다. 그런 세종이 가장 총애했던 과학자는 장영실로, 그는 노비 출신이었으나 최고의 과학자가 되어 조선의 기술 발전에 이바지했다.

장영실,
천한 노비에서 조선 최고의 과학자가 되다

1421년, 세종이 왕이 된 지 3년째 되던 해의 일이야. 하루는 세종이 윤사웅, 최천구, 장영실을 불러서 천문학에 대한 토론을 했어. 그러고 난 뒤 세종은 이렇게 말했지.

"허허, 영실의 재주를 따를 자가 없구나. 너희가 직접 중국에 가서 각종 천문 기계를 모두 눈에 익혀 오너라. 그리고 서둘러 조선에서도 하늘을 연구할 수 있는 기계들을 만들도록 하라."

워낙 책을 좋아하고 학문에 대해 토론하기 좋아했던 세종이라 신하들을 불러 함께 공부했다는 이야기야 많고 많지만, 여기에서 중요한 것은 함께 토론한 사람들이 누구였냐는 거야. 남양 부사 윤사웅, 부평 부사 최천구는 천문학 공부가 깊은 양반들이었는데, 마지막 인물 장영실의 이름 앞에는 동래 관노였다는 설명이 붙어 있네.

'동래'는 오늘날 부산을 말하고, '관노'는 관아에 소속된 노비를 말해. 그러니까 노비가 임금님이랑 천문학 토론을 했다는 거야. 심지어 양반 출신보다도 뛰어났다는 거고! 도대체 장영실은 어떤 인물이었던 걸까?

❖❖❖

장영실은 노비 출신이어서 그가 어떤 사람이었는지 전하는 기록이 거의 없어. 앞에서 말한 이야기가 장영실이 처음으로 등장하는 기록이거든. 정확히 언제 태어났으며, 부모가 누구인지에 대해서도 전하지 않아.

물론 나중의 기록들을 가지고 추측을 해 볼 수는 있어. 장영실의 아버지는 원나라 출신의 기술자라고도 하고, 정3품의 관직에 있던 양반이라는 이야기도 있지.

그렇다면 왜 장영실은 노비였을까? 그건 어머니가 관청에 속한 기생이었기 때문이야. 당시 조선의 법은 어머니가 노비면, 그 자녀들도 평생 노비로 살아야 했어. 아무리 능력이 뛰어나더라도 말이야. 하지만 그 법을 넘어선 사람이 있었으니, 바로 장영실이지!

자, 여기서 궁금한 것 하나 더! 한반도의 남쪽 끝 동래의 관노였던 장영실이 어떻게 멀리 임금님이 사는 궁궐까지 올 수 있었을까?

그건 아마도 태종 때 실시한 천거법 덕분일 거야. 태종은 조선의 기틀을 다지기 위해 노력하면서 신분에 관계없이 학문과 실력이 뛰어난 사람을 추천하라는 명령을 전국에 내렸는데, 이때 장영실도 추천을 받아 궁궐에 들어온 것으로 보여.

장영실은 어릴 때부터 총명하고 관찰력이 뛰어났으며, 특히 기계의 원리를 이해하는 능력이 탁월했어. 또 손재주가 좋아 기계를 고치고 만드는 일을 잘했지. 그는 동래의 노비로 있으면서 무기나 농기구를 만들거나 수리하는 일을 했을 뿐 아니라, 가뭄이 들자 강물을 끌어들이는 기계를 만들어 상을 받은 적도 있었어.

그런 소문이 한양까지 난 것인지, 아니면 동래의 관찰사˚가 뛰어난 인재를 알아보고 추천을 한 것인지 정확히 알 수는 없지만 아무튼 그 무렵 궁궐로 온 것 같아.

이렇게 궁궐에 들어온 장영실은 여전히 노비 신분이기는 했지만 과학 실력에서만큼은 임금 앞에 나아가 토론을 할 정도로 인정을 받았던 거야.

그럼 다시 처음 이야기로 돌아가 보자. 세종은 신하들과 토론을 한 뒤 중국에 가서 천문 기계를 배우고 오라는 명을 내렸어. 왜 하필 천문 기계였을까?

세종은 백성들의 생활이 안정되려면 농업이 발달해야 한다고 생각했어. 농업이 발달하기 위해서는 무엇보다 절기˚와 시간을 잘 알고, 가뭄과 홍수 등

관찰사 조선 시대에 각 도에 둔 으뜸 벼슬
절기 한 해를 스물넷으로 나눈 것으로 계절의 표준이 됨.

자연재해에도 적절히 대비할 수 있어야 했지. 이를 위해서 우선 하늘을 살피는 천문학이 필요했던 거야.

그래서 당시 천문학에 대해 가장 잘 아는 사람들을 뽑아 중국에 유학을 보내기로 했는데, 거기에 장영실이 포함된 것이었지.

덕분에 장영실은 명나라에 가서 앞선 학문을 공부하고 돌아왔고, 세종은 장영실이 더욱 많은 일을 할 수 있도록 노비의 신분에서 해방시켜 주기까지 했어. 또 더 나아가 상의원 별좌라는 벼슬도 주었지. 상의원 별좌는 왕실에 필요한 물품을 마련하는 벼슬로, 정5품에 해당해. 조선의 벼슬은 1품부터 9품까지 있었으니 중간쯤 되는 벼슬로 보면 될 거야.

노비 출신이었지만 실력을 인정받아 관직에까지 올랐으니, 양반과 상민의 구별이 엄격했던 조선 시대에 단단했던 신분의 벽을 뛰어넘은 대단한 인재라고 할 수 있겠네.

1432년 세종은 천문 관측기구를 만드는 대규모 사업을 시작했어. 책임자는 정인지와 이천이었고, 장영실도 천문 관측기구를 제작하는 일을 맡았지.

이들은 작업을 시작한 지 1년 만에 혼천의를 만들었어. 혼천의는 천체의 운행과 그 위치를 측정하는 기계야. 해시계인 앙부일구도 만들었는데, 이것은 솥같이 생긴 반구 속에 기둥이 한가운데 우뚝 솟아 그림자의 위치와 길이에 따라 절기와 시간을 알게 한 장치야.

그런데 해시계는 해가 뜬 동안만 사용할 수 있었고, 비가 오거나 흐린 날,

장영실(?~?)
조선 최고의 과학자. 오늘날 부산인 동래의 관노였다가 과학적 재능이 뛰어나 발탁되었다. 간의, 혼천의 등 천문 관측기구와 자격루, 측우기 등을 만들었다.

밤에는 사용하지 못해 시간을 알 수가 없었어. 그때까지 사용하던 수동 물시계가 있기는 했지만 그건 매번 사람이 시계를 보고 있다가 종을 쳐서 알려야 했어. 그런데 그 일을 하는 사람이 졸거나 실수를 하는 경우가 종종 있어 정확하지 않았지. 그래서 장영실은 태양도 사람도 필요 없는 시계가 있으면 좋겠다고 생각했어.

1434년 장영실은 마침내 정교한 자동 물시계인 자격루를 완성했어. 자격루는 물시계에다가 정밀한 기계 장치를 결합해서 때가 되면 자동으로 인형과

징, 북, 종이 움직여 시간을 알려 주는 장치야. 이에 세종은 이렇게 말했어.

"나의 가르침이 있었다고는 하나 장영실이 아니면 도저히 해내지 못했을 일이다. 원나라 순제 때 저절로 치는 물시계가 있었다고 들었지만, 그 정교함

이 이에 미치지 못했을 것이다. 대대로 전할 물건을 만들었으니 그 공이 크다. 호군의 관직을 더해 주고자 한다."

세종은 장영실을 크게 칭찬하며 정4품 무관 벼슬인 호군으로 임명했어. 한 단계 더 승진을 시켜 준 거야.

그 뒤 자격루는 조선의 표준 시계로 사용되기 시작했어. 자격루의 시간을 기준으로 조선의 모든 시간이 결정되었다는 뜻이야.

여기에서 멈추지 않고 4년 뒤, 장영실은 자격루보다 더 정교한 옥루를 만들었어. 자격루와 혼천의의 기능을 합친 옥루는 시간은 물론 계절의 변화와 절기에 따라 해야 할 농사일까지 알려 주는, 당시로 말하면 최첨단 장치였지. 옥루는 중국의 천문 기계와 당시 과학 선진국이던 아라비아의 물시계 등을 참고해 만든 것으로 세계 어디에 내놓아도 손색없는 최고의 천문 관측기구였다고 해.

잠깐, 장영실은 그럼 천문 관측기구만 만들었냐고? 아니야. 그쪽으로 워낙 뛰어난 기계들을 만들어서 강조해서 이야기한 것이고, 다른 일도 많이 했어.

세종은 책을 좋아해서 활자를 만드는 데에도 관심이 많았어. 활자는 네모 기둥 모양의 금속 윗면에 문자를 볼록 튀어나오게 새긴 것을 말하는데, 책을 빨리 인쇄하고 또 보기 좋게 만들려면 활자가 중요했지. 그래서 장영실에게 활자 만드는 일을 맡겼어.

우리나라는 고려 때 세계 최초로 금속 활자를 발명했어. 그 기술은 조선에도 이어져 당시 조선은 금속판에 글자를 하나하나 새긴 뒤 이를 큰 판에 배열하는 방법을 사용했어. 태종 때와 세종 초기에는 여기에 쓰는 활자를 새로 만들어서 인쇄의 속도가 예전보다 많이 빨라지기는 했는데, 그래도 세종의 마음에 쏙 들지는 않았나 봐.

그래서 장영실이 활자를 다시 만들었는데, 이 활자는 글자의 모양이 깨끗하고 아름다울 뿐 아니라 인쇄 방법도 효율적이었어. 그전까지 하루에 20장 정도 인쇄하던 것을 이 활자를 이용하면 하루에 40장이나 할 수 있었대. 1434년 갑인년에 만들었다 하여 이 글자를 갑인자라고 불러.

이렇게 세종 시대에 인쇄 기술이 크게 발전했던 데에는 장영실의 역할이 정말 컸어. 세종은 과학 발전에 기여한 공로를 인정해 장영실을 정3품인 상호군으로까지 승진시켰지.

❖❖❖

그렇게 장영실이 세종의 사랑을 받으며 승승장구하던 1442년 어느 날, 상상하기 어려운 일이 생기고 말아. 지금으로 말하면 당뇨병에 시달리던 세종이 온천에 가려고 가마에 올랐는데, 아뿔싸! 그 가마가 부서지고 만 거야. 그런데 그 가마를 설계한 사람이 바로 장영실이란 말이지.

　　조선 최고의 과학자였던 장영실이, 최첨단 기계를 턱턱 만들어 내던 장영실이, 더 능률적이고 안락하게 만들기 위해 고민했던 가마가 그렇게 쉽게 부서졌다는 게 사실 이해하기 힘들어.

　　장영실이 정말로 실수한 것인지, 혹 누군가 장영실을 궁지로 몰아넣기 위해 벌인 일은 아닌지 여러 가지 생각이 든단 말이야. 천한 노비에서 정3품 벼슬까지 파격적으로 신분 상승을 해 온 장영실이다 보니 주변에 그를 시샘하는 사람들이 많았겠지? 음, 그렇다면…….

　　어쨌든 뜻하지 않은 이 사고로 장영실은 곤장 80대를 맞고 궁궐에서 쫓겨났어. 그 뒤로 장영실에 대한 기록은 더 이상 전하지 않아. 그가 그동안 해 왔

던 많은 일에 비하면 정말 허무한 마지막이지.

만일 그런 불미스러운 일이 없었다면 어땠을까? 장영실은 조선의 과학 발전을 위해 훨씬 더 많은 일을 하지 않았을까?

복습하는 인물 연표	?	1421년	1433년	1434년	1434년	1442년
	장영실이 천한 신분인 기생의 아들로 태어났다.	궁중 기술자가 된 장영실은 중국으로 가서 각종 천문 기계를 익혔다.	천체의 운행을 측정하는 혼천의를 만들었다.	사람이 손을 쓰지 않아도 자동으로 움직이는 물시계 자격루를 완성했다.	활자의 모양이 깨끗하고 인쇄에도 효율적인 갑인자를 발명했다.	자신이 만든 임금의 가마가 부서져 버린 일로 장영실은 궁궐에서 쫓겨났다.

태어나면서 정해진 조선의 신분

조선 시대에는 신분을 크게 양인과 천민으로 나누었어. 양인은 다시 양반, 중인, 상민으로 나뉘었지.

양반은 주로 과거를 통해 관리가 되어서 나라를 다스리는 일을 했어. 중인에는 양반을 도와 관청에서 일하는 사람, 의학이나 법률 등에 관련된 일을 하는 사람이 속했지. 외국어 통역을 맡았던 역관도 중인이었어. 상민은 농업, 어업, 수공업, 상업 등에서 일하는 사람을 말하는데, 주로 농민이 많았어.

마지막으로 천민은 대부분 노비였어. 소나 돼지를 잡는 일을 하던 백정도 천민에 속했고.

이러한 조선 시대 신분은 부모로부터 물려받아 태어나면서부터 정해졌어. 그래서 그 신분을 뛰어넘는 경우는 매우 드물었지. 자신의 능력만으로 천민에서 양반이 된 장영실 같은 경우는 사실은 상상하기조차 힘든 일이었던 거야.

> 조선의 제9대 임금 성종은 나라의 기본 법전을 완성하고 왕권을 안정시켜 조선의 태평성대를 이루었다. 그러나 왕비 윤씨를 폐위시킨 일로 연산군 대의 비극을 불러오는데……

성종,
조선의 법전을 완성하고 태평성대를 이끌다

　　조선 제7대 임금 세조를 다시 떠올려 보자. 어린 조카였던 단종을 쫓아내고 왕위에 오른 세조 말이야. 세조는 조선 제3대 임금인 태종과 많은 면에서 비교가 돼. 왜냐고? 형제와 조카들을 죽이고 왕위에 올랐다는 점, 왕권을 강화하기 위해 여러 정책을 펼쳤다는 점이 아주 비슷하거든.

　　한 가지 다른 점이 있다면 태종은 아들 세종의 왕권에 위협이 될 만한 세력들을 모두 없앤 반면, 세조는 자신을 도와주었던 신하들에게 끝까지 힘을 잔뜩 실어 준 채 세상을 떠났다는 거야.

그 가운데에서도 세조가 왕위에 오르는 데 가장 큰 역할을 했고, 세조 시대 내내 가장 큰 권력을 누렸던 인물이 있어. 바로 한명회야. 한명회는 나중에 예종이 되는 세조의 둘째 아들과 자신의 딸을 혼인시켜 세조와 사돈이 되기도 했지. 또 다른 딸은 훗날의 성종과 혼인시켰고.

세조의 장남인 의경 세자가 일찍 세상을 떠나고 둘째 아들 예종이 왕위에 오르자, 왕의 장인이 된 한명회는 세상을 모두 가진 것 같았어. 하지만 왕비가 된 딸은 일찍 죽었고, 예종은 왕권을 위협하는 한명회의 세력을 별로 좋아하지 않았지.

그러다 예종 역시 왕위에 오른 지 14개월 만에 죽고 말아. 그를 이어 왕위에 오른 인물이 바로 조선의 제9대 임금 성종이야. 성종은 예종의 형이었던 의경 세자의 아들이었어.

사실 성종은 왕위에 오를 수 있는 순서로 따지면, 세 번째밖에 되지 않았어. 예종의 아들이 있었고, 성종의 형도 있었거든. 하지만 예종의 아들은 네 살밖에 되지 않았고, 성종의 형인 월산군은 몸이 약했다고 해.

그렇기는 해도 열세 살에 불과한 성종이 왕위에 오를 수 있었던 데에는 그의 장인이 한명회라는 이유가 컸을 거야.

❖❖❖

성종은 키가 크고 매우 잘생겼대. 또 태어난 지 두 달도 못 되어 아버지를 잃고 할아버지인 세조의 손에서 자랐는데, 타고난 인품이 뛰어나고 마음 씀씀이가 넓어 세조가 유난히 예뻐했어.

어느 날, 갑자기 천둥과 번개가 내리쳐 조정의 신하가 벼락에 맞아 그 자리에서 죽는 일이 있었어. 모두 놀라 넘어지고 겁에 질리던 그때 어린 성종만이 두려워하는 기색 없이 침착하게 행동하자, 그 모습을 본 세조가 태조 이성계를 닮았다며 칭찬을 했다는 이야기가 전해.

하지만 아무리 영특하더라도 왕위에 오를 당시 성종의 나이는 겨우 열세 살, 오늘날로 치면 초등학생이잖아. 나라를 다스리기에는 너무 어렸어. 그래서 할머니였던 정희 대비가 7년 동안이나 수렴청정˙을 했지. 그러니까 성종이 왕위에 오르고 7년 동안은 정희 대비와 한명회가 나라를 다스렸다고 해도 지나치지 않아.

성종 역시 세종처럼 갑작스럽게 왕위에 올라 왕이 될 준비를 하지 못했기 때문에 공부할 게 많았어. 다행히 성종은 성실하고 총명했어. 자신이 해야 할 일이 무엇인지 알았고, 그 임무에 충실했지.

거의 하루도 빼놓지 않고 하루에 두 번이나 세 번, 어떤 때에는 하루에 네

수렴청정 임금이 어릴 때, 왕대비나 대왕대비가 왕을 도와 나랏일을 돌보는 일

번씩도 공부를 했어. 무슨 공부를 했느냐고? 보통은 《논어》, 《맹자》 등 유학의 교과서들을 읽었지. 역사책을 읽으며 다른 왕들이 어떻게 나라를 다스렸는지도 배워 나갔고.

왕이 되고 한 3개월쯤 지났을 때, 제사가 있는 날이니 하루쯤 공부를 쉬자고 신하들이 건의한 적이 있었어. 그러나 어린 성종은 단호히 거절하며 이렇게 말했어.

"내가 하루라도 배우지 못하는 것을 애석하게 생각한다."

또 좋은 왕이 되겠다는 책임감도 강했다고 해. 역시 왕위에 오른 지 9개월 정도밖에 되지 않았을 때의 일인데, 성종의 유모가 찾아와 어떤 사람에게 관직을 주기를 청했던 모양이야. 그러자 열네 살밖에 되지 않은 왕이 정색을 하며 야단을 쳤어.

"무슨 뇌물을 받고 이런 청을 하는가? 내 나이 어리다고 하여 사적인 부탁을 받아 벼슬을 준다면 앞으로 나라 꼴이 어떻게 되겠는가? 다시 이런 말을 한다면 용서하지 않을 것이다."

성실하고 총명했으며, 옳고 그름을 판단하는 힘도 있었으니 훌륭한 왕이 될 자질이 충분했던 것 같네.

스무 살이 된 성종은 수렴청정을 끝내고 스스로 나라를 다스리기 시작했어. 아마 성종은 증조할아버지인 세종을 본받고 싶었나 봐. 세종처럼 공부를 열심히 했을 뿐 아니라, 많은 책을 펴내기도 했어.

성종 (1457~1494)
조선의 제9대 임금. 조선의 국가 조직과 정치, 사회, 경제 활동에 대한 기본 법전인 《경국대전》을 펴냈다.

성종 대에 펴낸 가장 중요한 책은 《경국대전》이야. 이 책은 사실 세조 대부터 만들기 시작했는데, 성종 대에 비로소 완성되었지. 《경국대전》은 조선의 국가 조직과 정치, 사회, 경제 활동에 대한 기본 법전이라고 할 수 있어. 조선의 법전이 완성되었다는 말은 나라를 운영하고 백성을 다스리는 기준이 마련되었다는 뜻이야.

그 외에도 성종 대에는 각 도의 지리와 풍속, 인물 등에 관한 내용을 자세히

기록한 《동국여지승람》, 역사책인 《동국통감》, 음악 책인 《악학궤범》 등도 나와 조선의 문화 발전에 이바지했어.

성종이 세종과 비슷한 점 또 하나! 세종이 집현전에서 학자들을 키우던 것과 같이 성종은 홍문관을 세워 젊은 학자를 길렀어. 홍문관 학자들은 책을 편찬하는 일, 나라의 문서를 관리하는 일 등을 맡았지.

사실 성종이 젊은 관리들을 키운 데에는 또 다른 이유도 숨어 있는데……. 잠시 그 이야기를 해 볼까?

세조가 왕이 되도록 도와준 공으로 많은 재산을 차지하고, 큰 권력을 쥐었던 신하들을 '훈구파'라고 해. 한명회 같은 사람들 말이야.

이들의 세력이 지나치게 커지자 성종은 여기에 맞서 자신을 도울 젊은 세력을 기르고 싶어 했어. 그래서 지방에서 학문을 닦으며 의리와 도덕을 중시하던 젊은 선비들을 불러 벼슬을 주었지. 이들을 '사림파'라고 해. 사림, 그러

니까 선비들이 모여 있다는 뜻이야. 이렇게 성종은 훈구파와 사림파가 서로 균형을 이루게 하여 왕권을 안정시켰어.

하지만 나중에 이 두 파는 치열한 정치 투쟁을 벌이는데……. 아, 이야기가 너무 앞서 갔네. 다시 성종 시대로 돌아가자.

다행스럽게도 성종이 다스리던 때는 평화로웠어. 큰 전쟁도 없었고, 가뭄과 홍수 같은 재앙 없이 연거푸 풍년이 들었지. 그런 점에서 보면 성종은 운이 참 좋은 편이었어.

◆◆◆

뭐 그렇다고 성종 시대가 완벽하기만 했던 건 아니야. 평화로운 시대이다 보니 차츰 사치하는 풍습이 생겨났고, 무엇보다 아들인 연산군 대의 비극이 성종에게서 시작되고 있었지.

비극이라니, 그게 뭐냐고? 성종이 처음 혼인한 한명회의 딸은 아이를 낳지 못한 채 열일곱 살에 세상을 떠났어. 그러자 성종은 후궁인 윤씨를 왕비로 책봉했어. 임신 8개월에 왕비가 된 윤씨는 곧 왕자를 낳았지.

하지만 성종과 윤씨의 사이는 빠른 속도로 나빠졌어.

성종의 말에 따르면, 왕비가 성종에게 막말을 했다고 해. "나중에 발자취를 완전히 없애 버리겠다."라고 한 거야. 성종이 일찍 죽기를 기다리며, 성종이 죽으면 어린 아들을 끼고 나라를 자기 마음대로 다스리려는 야심을 품었다는 것이지.

결국 성종은 왕비를 내쫓았고, 사약까지 내려 죽이고 말았어.

그런데 그러면서 아들을 생각하지 않았던 게 불행의 씨앗이 되었지. 성종과 윤씨 사이에서 태어난 아들이 연산군인데, 연산군이 나중에 이 사실을 알고는 자기 어머니를 죽이는 데 관여한 많은 사람들에게 처참한 복수를 하거든. 점점 폭군이 되어 결국 왕위에서 쫓겨났고.

좋은 왕이 되려고 노력했고, 또 실제로 나라를 잘 다스렸던 성종이었지만, 자신이 죽은 뒤까지 내다보고 지혜롭게 대처하지는 못했던 것 같아.

성종이 어떻게 했어야 연산군의 비극을 막을 수 있었을까? 왕비를 내쫓지 않았다면, 혹은 내쫓기만 하고 죽이지 않았다면 괜찮았을까?

성종은 왕위에 오른 지 25년째 되던 1494년, 서른여덟 살의 젊은 나이로 세상을 떠났어.

복습하는 인물 연표

1457년	1469년	1479년	1481년	1485년
세조의 큰아들 의경 세자의 둘째 아들로 성종이 태어났다.	예종이 세상을 떠나자 성종이 조선 제9대 임금이 되었다.	성종이 왕비 윤씨를 내쫓았다.	각 도의 지리와 풍습을 담은 《동국여지승람》이 완성되었다.	나라를 다스리는 최고 법전, 《경국대전》을 편찬했다.

조금 더 알아볼까?

조선 사회의 다양하고 상세한 규정을 담은 《경국대전》

조선을 처음 세울 때, 정도전은 《조선경국전》을 펴내 나라를 다스리는 기본 규칙을 정했어. 그리고 경제에 대한 법 등도 만들어졌지.

그러다 세조 때 이 모든 것들을 종합하고 체계적으로 정리한 법전을 만들기 시작해, 성종 때 마침내 《경국대전》이 완성되었어. 그 뒤 《경국대전》은 400여 년 동안 조선의 최고 법전으로 나라를 다스리는 기본 바탕이 되었어.

《경국대전》은 관리의 종류와 임명, 또 세금과 과거에 대한 규정, 군사나 형벌에 대한 내용뿐 아니라 백성들의 일상생활에 대한 부분까지 자세히 정하고 있어.

남자는 15세, 여자는 14세가 넘으면 혼인할 수 있다는 내용도 있고, 땅과 집을 사면 100일 안에 관청에 알려야 한다는 것, 부모가 많이 아프거나 부모의 나이가 70세 이상이면 그 아들은 군대를 가지 않아도 된다는 것, 노비 여성의 출산 휴가는 90일이며, 남편도 출산 휴가를 신청할 수 있다는 규정도 있어.

성종 ✱ 75

> 남성 중심의 사회인 조선에서 여성으로 존경받은 이가 있었다. 오늘날 현모양처의 상징이 된 신사임당은 시와 그림이 뛰어난 예술가이기도 한데…….

신사임당,
우리나라에서 가장 존경받는 여인이 되다

신사임당 하면 무엇이 가장 먼저 생각나니? 뭐? 5만 원? 하긴 우리나라에서 사용하는 가장 비싼 지폐인 5만 원권에 신사임당의 초상화가 그려져 있지. 그다음에는? 율곡 이이의 어머니! 잘 알고 있네.

또 현모양처? 그래, 맞다. 신사임당하면 현모양처라는 말이 떠올라. '현모양처'란 현명한 어머니와 착한 아내라는 뜻이야. 신사임당은 현모양처를 상징하는 인물로 오랫동안 존경을 받았지.

그런데 정작 신사임당 자신은 역사 속에서 어떻게 기억되기를 바랐을까?

신사임당 이야기를 시작하려니 갑자기 그런 생각이 드네.

❖ ❖ ❖

자, 그럼 신사임당이 어떤 사람이었는지 알아볼까? 먼저 신사임당의 이름부터 보자. 신사임당의 이름은 뭘까? 신은 성이고, 이름은 사임당? 아니면 성은 신사, 이름은 임당? 땡! 둘 다 아니야.

성이 신씨인 건 맞는데, 사임당은 호야. 호는 제2의 이름이라고 할 수 있어. 본래 이름은 자기 마음대로 지을 수가 없잖아. 태어날 때 부모님이 지어주신 대로 쓰는 거지. 그래서 예술가들이나 학자들 가운데에는 나중에 커서 스스로 의미 있는 이름을 지어 부르는 사람들이 많았어. 율곡 이이의 '율곡'이나 다산 정약용의 '다산' 등은 모두 그렇게 자기 스스로 붙인 호야.

'사임당'이라는 호는 옛날 중국 주나라 문왕의 어머니인 태임을 본받겠다는 뜻으로 지은 것이래. 태임은 바르고 곧은 성품으로 덕을 실천해 당시 여성들에게 가장 존경받았던 여성이야. 또 문왕이라는 훌륭한 아들을 길러 냈고.

아, 그럼 신사임당의 진짜 이름은 뭐냐고? 인선, 신인선이야. 참 예쁜 이름이지?

신사임당은 1504년 외가인 강원도 강릉에서 태어났어. 아버지는 서울 사람인 신명화, 어머니는 강릉 사람인 용인 이씨야. 사임당은 딸만 다섯인 집안의 둘째 딸이었어.

사임당의 어머니는 혼인을 한 뒤에도 친정에서 주로 살았어. 그래서 사임당도 강릉의 외가에서 어린 시절을 보냈고.

사임당은 총명하고 감수성이 예민했어. 어려서부터 글을 많이 읽어 학문이 깊었고, 글도 잘 지었지. 그뿐만이 아니야. 붓글씨도 잘 썼고, 바느질과 수놓기도 잘했어. 그중에서도 가장 뛰어났던 건 단연 그림 그리는 솜씨였지!

일곱 살 때 사임당이 조선 초 가장 유명한 화가였던 안견의 산수화를 따라 그린 일이 있었어.

신사임당(1504~1551)
화가이자 시인. 예술적 재능이 뛰어났으며 율곡 이이의 어머니로도 존경받았다.

그런데 그 솜씨가 얼마나 뛰어났는지 어른들이 크게 감탄했다는 이야기가 전해지고 있지.

사임당이 주로 관심을 갖고 그렸던 것은 주변에서 볼 수 있는 작은 생명들이었어. 쇠똥을 굴리는 쇠똥벌레, 붉은 술을 드리운 맨드라미, 그 위를 날아다니는 연보랏빛 나비, 수박 밭에서 수박을 갉아 먹는 들쥐, 가지 옆을 날아다니는 나비와 방아깨비, 오이 덩굴 옆의 개구리……. 그렇게 가까운 곳에 있는 자연을 오랫동안 관찰한 다음, 종이 위에 꼼꼼하게 묘사했지.

그렇게 그린 사임당의 그림을 가까운 친척들이 얻어 가는 일도 종종 있었어. 그런데 한번은 그림을 얻어 갔던 친척 어른이 난처한 얼굴로 다시 찾아와 이렇게 말하더래.

"그림을 한 장만 더 그려 줄 수 없겠느냐. 얼마 전에 가져간 풀벌레 그림 말이다. 물감이 덜 마른 것 같아 마루에 펴 놓았더니 글쎄 닭이 와서 쪼아 대는 바람에 구멍이 났지 뭐냐."

"닭이 그림을 쪼아 대다니요?"

옆에서 듣고 있던 사임당의 동생이 물었어.

"그림이 어찌나 살아 있는 듯 생생한지 닭이 그만 제 먹이인 줄 알고 덤빈 게지."

친척 어른의 이야기에 듣고 있던 사람들은 다들 감탄을 금치 못했어.

에이, 뻥일 거라고? 어허, 지금까지 전하는 사임당의 그림들을 보

면 그 말이 무슨 뜻인지 이해하게 될 거야. 사임당의 그림은 섬세하고 사실적이면서도 아주 아름답거든.

❖❖❖

이처럼 어릴 적부터 재주 많던 사임당은 열아홉 살이 되던 해, 이원수라는 선비와 혼인을 했어. 혼인한 뒤에도 사임당은 주로 친정인 강릉에서 살았어. 당시만 해도 혼인을 하면 친정, 그러니까 아내의 집이나 그 근처에 사는 경우가 많았다고 해.

우리가 흔히 아는 것처럼 혼인을 한 뒤 며느리가 시집살이를 했던 것은 조선 중기 이후부터이고.

셋째 아들인 율곡이 태어난 곳도 강릉이야. 1536년이 거의 끝나 가던 어느

날, 사임당은 자기가 누워 있는 방 앞에 검은 용이 다가오는 꿈을 꾸고는 건강한 사내아이를 낳았어. 아이의 이름은 태몽을 따라 '검은 용', 그러니까 한자로 '현룡'이라 지었지. 현룡은 율곡의 어릴 적 이름이야.

율곡은 어머니를 닮아 어릴 때부터 몹시 총명했어. 세 살 때 글을 읽었고, 일곱 살이 되기 전에 어려운 유학 경전을 모두 이해했다고 해.

율곡이 여섯 살 되던 해, 사임당은 아이들을 데리고 서울로 살림을 옮겨야 했어. 시어머니의 연세가 너무 많아서 시댁 살림을 물려받아야 했거든. 친정어머니를 홀로 두고 떨어지지 않는 발걸음으로 대관령을 넘으며 사임당은 많이 울었어.

강릉에서 서울까지 지금이야 차를 타고 서너 시간이면 가지만, 그때는 대관령이라는 험한 고개를 넘어야 하는 멀고 먼 길이었어. '언제 다시 어머님을

뵐 수 있을까? 손자, 손녀 다섯이 뛰놀던 집에 어머님 혼자 쓸쓸히 계시겠구나.' 하는 생각에 눈물이 그치질 않았지.

그때 사임당이 쓴 시가 아직도 전하는데, 들어 볼래?

늙으신 어머님을 고향에 두고

외로이 서울 길로 가는 이 마음

돌아보니 북촌은 아득도 한데

흰 구름만 저문 산을 날아다니네.

어머니를 몹시 그리워하고 걱정하는 마음이 느껴지니?

이렇게 대관령을 넘은 사임당은 안타깝게도 다시는 강릉으로 돌아가지 못했어. 친청어머니와도 그게 마지막이었지.

　서울에 온 사임당은 아이 둘을 더 낳아 일곱 아이의 엄마가 되었고, 아이들을 기르는 일에 최선을 다했어. 그 가운데에서도 셋째 아들인 율곡은 유난히 총명해서 열세 살에 과거에 합격했고, 온 나라에 천재 소년으로 소문이 났지.

　율곡이 초시˚에 합격한 다음 해, 또 좋은 일이 생겼어. 사임당의 남편이 드디어 벼슬길에 올랐거든. 과거에서 매번 떨어져 여태 벼슬길에 나아가지 못하고 있었는데, 세금을 운반하는 일의 감독관을 맡게 된 거야.

　어린 아들은 과거에 합격했고, 남편까지 벼슬길에 오르니 이제 아무 걱정이 없을 것만 같았어. 살림살이도 점차 나아져 서울의 삼청동으로 이사도 했고.

　그렇게 이사를 하고 얼마 지나지 않았을 때야. 사임당의 남편이 출장을 가게 되었어. 평안도에서 세금으로 걷은 곡식을 서울로 가져오라는 나라의 명령을 받은 것이지. 출장은 한 달 정도 걸렸는데, 이때 남편은 큰아들과 셋째 아들 율곡을 데리고 떠났어. 아들들에게 더 넓은 세상을 구경시켜 주고 싶었

초시 과거의 첫 시험

던 거야.

그런데 이게 웬일이야. 그만 그 사이에 사임당이 병이 나서 세상을 떠나고 말아. 사임당은 사실 어려서부터 몸이 약했어. 또 약한 몸으로 일곱 남매를 키우느라 건강이 더욱 나빠졌지. 그래도 그때 나이 마흔여덟 살밖에 되지 않았는데……. 너무 이르고 안타까운 죽음이었어.

뒤늦게 소식을 듣고 달려온 율곡은 슬퍼하고 또 슬퍼했지만 죽음을 돌이킬 수는 없었어. 깊은 슬픔에 빠진 율곡은 어머니의 삼년상을 치른 뒤, 공부를 포기하고 금강산으로 들어갔어. 아마 불교를 통해 마음의 위로를 찾으려 했던 것 같아.

다행히 1년 만에 율곡은 마음을 다잡았어. 그리고 천재 소년이라는 별명에 걸맞게 아홉 번이나 과거에 합격하고, 나라의 큰 일꾼이 되어 명종과 선조를 보필*했지.

그렇게 율곡은 조선을 대표하는 학자이자 스승이 되었어. 특히 그는 제자를 많이 길러 냈는데, 나중에 율곡의 제자들이 조선 정치를 이끄는 주인공이 돼. 이 제자들은 스승 율곡과 함께 율곡의 어머니인 사임당을 존경했어.

그러고 보니 사임당이 훌륭한 아들을 키워 낸 지혜로운 어머니로 조선 시대 내내, 그리고 지금까지도 존경받는 건 율곡 덕분이기도 하구나. 율곡이 그토록 훌륭하게 자라 주었으니…….

그럼 마지막으로, 처음에 했던 질문 한번 다시 생각해 볼까? 사임당은 역

보필 윗사람의 일을 도움.

사 속에서 자신의 모습이 어떻게 기억되길 바랄까? 율곡의 어머니로, 현모양처로 존경받는 걸 더 좋아할까? 아니면 뛰어난 화가, 시인으로 인정받는 걸 더 좋아할까? 만일 너라면 어떤 게 더 좋을 거 같니?

복습하는 인물 연표	1504년	1522년	1536년	1541년	1551년
	강원도 강릉에서 신명화의 둘째 딸 신인선이 태어났다.	19세가 되던 해, 이원수라는 선비와 혼인했다.	신사임당이 강릉에서 이율곡을 낳았다.	신사임당이 시집 살림을 물려받기 위해 서울로 떠나왔다.	남편과 아들이 출장을 떠난 동안 갑자기 세상을 떠났다.

재능이 뛰어났던 또 다른 여인, 허난설헌

조선을 대표하는 시인. 《홍길동전》을 지은 허균의 누나. 누구인지 알겠니? 바로 허난설헌이야. 1563년에 태어난 허난설헌은 어려서부터 글솜씨가 뛰어나 천재라고 불리며 수많은 시를 지었어.

하지만 삶은 평탄하지 못했어. 재능을 인정해 주었던 친정과 달리, 혼인을 한 뒤 시집에서는 그 재능을 달가워하지 않았거든. 학문과 재주가 난설헌에 미치지 못했던 남편은 집을 자주 비웠고, 시어머니는 시에 관심이 많은 며느리를 예뻐하지 않았어. 게다가 두 자녀마저 일찍 죽자 난설헌은 마음의 병을 얻어 스물여덟 살의 나이로 세상을 떠났지.

그녀가 죽자, 동생 허균은 누나의 시 210편을 묶어 《난설헌집》을 펴냈어. 우리나라 최초의 여성 시집이지. 이 시집은 중국에까지 알려져 "허난설헌의 시는 마치 하늘에서 흩어져 떨어지는 꽃처럼 많은 사람들의 입에 오르내렸다."라는 평가를 받기도 했어.

만일 허난설헌이 신사임당처럼 혼인을 하고도 친정에서 살 수 있었다면 아름다운 시를 더 많이 남기지 않았을까? 허난설헌은 신사임당보다 불과 60년 정도 뒤에 태어났을 뿐인데, 그 사이에 조선 여성의 삶과 지위는 많이 달라졌던 것 같아.

이 시들은 중국에서도 유명하다오!

허난설헌의 시는 마치 하늘에서 떨어지는 꽃 같아.

> 큰 전쟁 없이 평화를 누리던 조선이 방심한 사이, 일본은 통일 국가를 이루고 힘을 길러 조선을 침략하는데……. 바로 그때, 위기에 빠진 조선을 구할 영웅 이순신이 등장했다.

이순신,
임진왜란에서 조선을 구하다

1592년의 어느 날, 왜군 20만 명이 조선에 쳐들어왔어. 임진왜란이 시작된 거야. '임진왜란'이란 말은 '임진년에 왜가 쳐들어와 일으킨 난리'라는 뜻이야. 그럼 임진년은 또 뭐냐고? 여기서는 1592년을 나타내는 말인데……. 지금은 그냥 연도를 표기하는 한자식 표현이라고만 알아 두자.

아무튼 임진년에 새로운 무기인 조총으로 무장한 왜군이 조선에 쳐들어왔어. 순식간에 부산을 손에 넣은 왜군은 18일 만에 한양까지 올라왔지. 새로운 무기 조총의 '조' 자는 새를 뜻해. 새를 쏘아 맞힐 수 있을 만큼 성능이 좋은 총이라는 거야. 유럽에서 처음 만들어져 일본에 전해진 조총은 화약에 불을 붙여 탄환을 발사하는데, 그 위력이 얼마나 대단한지 조선군은 그야말로 속수무책이었어.

이를 어째? 이제 조선은 어떻게 되는 걸까? 또 조선의 왕과 군대는 일이 이렇게 될 때까지 대체 뭘 하고 있었던 걸까?

음, 변명을 하자면 말야, 고려 때만 해도 외적의 침입이 많았지만 조선이 세워진 다음에는 큰 전쟁 없이 평화로운 시대가 계속되고 있었거든. 중국에는 명나라가 큰 나라로 성장해 조선과 안정적인 외교 관계를 맺고 있었고, 고려 때까지 계속되던 왜구의 침입도 화약 등 무기를 개발해 무력으로 다스린 다음에는 잠잠해졌지.

그래서 방심한 거야. 그 사이 일본이 통일 국가를 이루고 힘을 길러 조선

을 침략할 계획을 세우고 있었던 거지. 일본의 움직임이 이상하다는 보고가 있긴 했지만, 당시 조선 조정의 신하들은 권력 다툼을 벌이느라 주변 나라의 움직임을 제대로 파악하지 못했어. 물론 외적의 침략에도 대비하지 못했고.

부산에서 한양, 그리고 평양을 지나 함경도까지 왜군의 조총 앞에 무너질 때, 다행히 바다에서는 조선의 수군˚이 왜군을 무찌르고 있었어. 그래서 일본 수군이 육지의 군사들과 힘을 합치려는 계획을 막을 수 있었지. 여기에는 임진왜란이 일어나기 1년 전 전라좌수사로 임명된 이순신의 활약이 아주 컸어.

❖❖❖

유명한 이순신 장군이니 당연하다고? 그런데 사실 임진왜란 이전까지 이순신은 역사에 기록될 만큼 크게 활약한 일이 없었어.

이순신은 1545년에 태어나 서울에서 어린 시절을 보냈어. 이때 그의 인생에서 매우 중요한 사람을 하나 만났지. 나중에 영의정에까지 오르는 조선의 유명한 재상 유성룡이야. 같은 마을에 살던 유성룡은 이순신보다 세 살 많았는데, 둘이 어린 시절부터 친하게 지냈나 봐. 뒷날 유성룡은 자신의 책에 이순신의 어린 시절을 이렇게 기록했어.

'이순신은 어린 시절 영특하고 활달했다. 다른 아이들과 모여 놀 때면 나무를 깎아 화살을 만들어 전쟁놀이를 했다. 자라면서 활을 잘 쏘았으며 무과에 급제해 관직에 나아가려고 했다.'

하지만 둘이 계속 인연을 이어 갔던 것은 아니야. 몇 살 때인지는 확실하지

수군 바다를 지키는 군대

않지만 이순신이 외가가 있는 충청도 아산으로 내려갔거든. 이순신의 묘와 이순신을 기리는 현충사가 오늘날 아산에 있는 것은 이 때문이지.

스무 살이 되었을 때 이순신은 혼인을 했고, 아들 셋과 딸 하나를 두었어. 이순신은 혼인을 한 뒤 본격적으로 무예를 배우며 무과를 준비했다고 해. 무과는 무술을 잘하는 관리를 뽑는 과거야. 활쏘기, 말타기 등의 무술 실력을 시험 보았지.

그런데 시험 운이 별로 좋지는 않았던 거 같아. 처음 무과를 봤을 때, 타고 있던 말이 넘어지는 사고가 났어. 말에서 떨어진 이순신은 곧바로 일어나 버드나무 껍질로 다친 다리를 싸맨 채 시험을 마쳤지만, 결과는 낙방이었지. 그 뒤 4년이 지나서야 비로소 합격해 서른두 살이라는 늦은 나이에 벼슬길에 처음 나아갔어.

뭐, 벼슬길에 나아갔어도 타협할 줄 모르는 강직한 성품 때문에 관직 생활이 순탄하지는 않았어. 윗사람의 부당한 요구를 단칼에 거절하는 성품이다 보니, 발령*이 나도 저 북쪽의 함경도 끝이거나 전라도 남쪽 끝이기 일쑤였어. 맡은 바 임무를 성실히 다하고도 좌천, 그러니까 낮은 자리로 쫓겨나기도 여러 번이었고.

하지만 그 강직함으로 명성이 조금씩 높아지고는 있었어. 어려울 때마다 조용히 이순신을 추천하고 변호해 준 유성룡의 도움도 있었고 말이야.

마흔여섯 살이 되던 해 파격적으로 승진해 전라좌도 수군절도사가 된 것

발령 어떤 직책을 맡으라는 명령을 내림.

도 유성룡의 추천 덕분이었어. 일본을 통일한 장수인 도요토미 히데요시가 조선을 침략할 거라는 소문이 돌자 유성룡은 이순신을 전라남도 쪽 바다를 지키는 책임자로 내려보낸 거야.

이순신은 여수로 내려와 나태해진 군인들을 훈련시키고, 녹슨 무기들을 고쳤어. 낡은 전함들도 수리했지. 더불어 바닷가 지역들을 답사하면서 그 특징을 파악해 두었어. 언제 물이 들어오고 나가는지, 어느 곳의 물살이 센지, 어느 쪽에 바위가 많은지 잘 알아야 좋은 작전을 짤 수가 있을 테니까.

또 무엇보다 이순신이 가장 신경 썼던 것은 적의 것보다 튼튼한 전투용 배를 만드는 거였어. 그래서 탄생한 게 뭘까? 그래, 거북선! 아, 그렇다고 거북선만 만든 건 아니야. 적을 공격하기 위한 돌격선인 거북선 몇 척과, 판옥선이라는 전투용 배도 많이 만들었어.

이렇게 1년 정도 준비하자 배 40척을 가진 강한 수군이 탄생했어.

그 무렵 임진왜란이 시작된 거야!

왜군이 쳐들어왔다는 소식이 전해지고 며칠 뒤, 마침내 이순신은 출동 명령을 받고 경상도 바다로 나아갔어. 그리고 옥포 앞바다에서 30여 척의 왜선을 만났지. 당시 일본 수군의 전투 방법은 상대방의 배로 가까이 가 옮겨 탄 다음, 칼과 총으로 싸우는 거였어. 이를 잘 알고 있었던 이순신은 배에서 화포를 쏘고, 그대로 배를 들이받아 가라앉히는 작전을 펼쳤지.

　그렇게 첫 전투에서 왜선 26척을 부수고, 왜적 4,000명을 물에 빠뜨려 버렸어. 그럼 조선군의 피해는? 달랑 부상 1명! 어때, 완벽한 승리지? 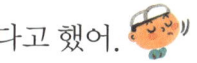 그런데 여기서 감탄하긴 일러. 이순신은 사천, 당포, 한산도, 부산포에서도 승리를 거두며 일본 수군을 전멸시켰거든.

　그 무렵 육지에서는 의병들이 일어나 왜군을 막아 내기 시작했어. 나라가 위급할 때 백성들이 스스로 만드는 군대를 의병이라고 해.

　명나라에서 구원병도 도착한 데다 우리 수군이 바다를 딱 막고 있자, 새로운 군대와 물자를 전달받지 못한 왜군은 점점 고립되었어. 이처럼 불리한 상황이 되자 왜군은 강화 협상을 하자고 했어. 쉬운 말로 화해를 하자는 거야. 자기네들이 쳐들어와 온 나라를 짓밟아 놓고 이제 화해하자니……. 당연히 조선은 안 하겠다고 했어.

바람은 요렇게 불고, 물살은 저기가 세고, 물이 드는 시간은….

그런데 명나라가 일본과 강화 협상을 시작한 거야. 하지만 서로 내세운 조건이 달라 시간만 끌다 끝내 이루어지지는 않았어. 그사이 왜군은 다시 조선을 침략했고. 이것을 '정유재란'이라고 해. 1597년, 즉 정유년에 왜가 다시 쳐들어왔다는 뜻이야.

이번 침략은 조선도 예상하고 있던 터라 이순신이 바다만 잘 막으면 되는 일이었어. 그런데 이 중요한 시기에 말도 안 되는 일이 벌어졌어. 조선 수군 전체의 대장인 이순신이 갑자기 감옥에 갇히고 만 거야.

왜군 하나가 보낸 비밀 편지가 문제의 시작이었지. 편지에는 일본 군대가 곧 바다를 건너올 거라는 내용이 담겨 있었고, 이를 본 선조는 이순신에게 얼른 출동하라고 명령했어. 하지만 이순신은 아무리 생각해도 이게 적의 함정 같은 거야. 그래서 출동하지 않았는데, 왕의 명령을 따르지 않았다는 죄로 감옥에 갇혀 버렸지 뭐야. 에휴.

결국 이순신을 대신해 원균이 싸우러 나갔다가 거의 전멸하다시피 왜군에게 지고 말아. 당황한 선조는 이순신을 다시 삼도 수군통제사로 임명했어.

이순신이 돌아와 보니 그동안 애써 길러 놓은 군사와 배는 모두 사라지고 겨우 배 12척만 남아 있었어. 상황을 알게 된 조정에서도 그것으로는 싸

왜군의 함정인 줄 뻔히 알면서 어찌 출동할 수 있느냐 말이지. 내 맘도 모르고, 휴~

울 수 없을 테니 그냥 육군으로 돌아오라는 명령을 내렸지.

그때 이순신이 선조에게 편지를 썼어.

'아직도 저에게는 12척의 배가 있습니다. 죽을힘을 다해 싸우면 이길 수 있습니다. 배가 비록 적지만 제가 죽지 않고 살아 있는 한 적은 감히 우리를 업신여기지 못할 것입니다.'

그런 뒤 이순신은 도망간 병사들을 모으고 망가진 무기를 직접 고쳤어. 하지만 미처 준비가 다 끝나기도 전에 왜선 수백 척이 쳐들어오고 있다는 소식이 전해졌지. 이순신은 남아 있는 배 12척과 수리 중인 배 1척을 더해 13척을 이끌고 울돌목이라고 불리는 명량 해협으로 나아갔어. 물살이 빠르고 지형이 좁은 그곳을 선택한 것은 적은 배로 많은 적을 상대하기 위해서였어.

저 멀리 왜선 130여 척이 모습을 드러냈어. 그런데 조선의 군사들은 앞서 크게 졌던 경험이 있으니 잔뜩 겁을 먹은 채 도망갈 궁리만 하는 거야. 이순신은 손수 활을 쏘고 깃발을 흔들며 군사들에게 힘을 불어넣어 주었어.

그렇게 이순신은 고작 13척의 배로 130척의 배를 물리쳤어. 세계 전쟁의 역사에 남을 만큼 대단한 전투였지. 큰 고비를 넘긴 이순신은 그 뒤 군사를 다듬고, 배를 마련해 조선 수군을 예전 규모로 만들어 갔어.

❖❖❖

　1598년, 전쟁을 일으킨 도요토미 히데요시가 갑자기 죽자 당황한 왜군은 서둘러 돌아가기 시작했어. 이때 명나라 군대는 왜군에게 잔뜩 뇌물을 받고는 도망가는 길을 터 주었지. 반면 이순신은 단 한 명도 살려 보내지 않겠다며 단단히 길목을 막아섰어.

　그러자 구조 요청을 받은 왜의 군함 500척이 노량 앞바다에 나타났어. 그

리고 11월 19일, 최후의 결전이 벌어졌지. 이날 이순신은 도망치는 왜선을 추격하다가 그만 총을 맞았어. 하지만 행여 자신의 상태가 전쟁에 영향을 줄까 봐 "지금 싸움이 한창이니 내가 죽었단 말을 하지 말라."라는 말을 남기고 숨을 거두었지.

이 전투에서 조선과 명나라의 연합군은 왜선 200여 척을 침몰시키며 큰 승리를 거두었어. 7년간의 기나긴 전쟁도 막을 내렸고.

임진왜란이 일어났을 때 만일 이순신이 없었다면 우리나라는 어떻게 되었을까? 새삼 왜군으로부터 우리나라를 지켜 준 이순신 장군에게 고마운 마음이 드네.

복습하는 인물 연표	1545년	1576년	1591년	1592년	1597년	1598년
	이정의 셋째 아들 이순신이 서울에서 태어났다.	이순신이 무과에 급제해 벼슬길에 나아갔다.	이순신이 전라좌도 수군절도사가 되었다.	임진왜란이 일어났다.	이순신이 명량 대첩에서 13척의 배로 130척의 왜선을 물리쳤다.	이순신이 노량 해전에서 전사했다.

조금 더 알아볼까?

거북선에 대한 몇 가지 오해

거북선이 무엇인지는 너도 잘 알고 있지? 그런데 거북선에 대해 널리 알려진 사실 가운데 잘못된 부분이 좀 있는 것 같아.

거북선을 처음 만든 건 이순신일까? 아니야. 태종 때 이미 거북선이 있었다는 기록이 있는걸. 이순신과 부하들이 거북선을 완성한 건 맞지만 그게 최초는 아니라는 것이지.

거북선이 철갑선이라는 것도 사실이 아니야. 역사학자들의 연구에 따르면, 거북선은 배 윗부분을 판자로 덮고 그곳에 사람이 다닐 수 있는 십자형 길을 놓았다고 해. 또 칼과 송곳을 꽂아 적이 발붙일 수 없도록 했지. 용의 머리와 꼬리, 좌우에는 각각 6개의 총구멍을 내어 왜선을 들이받는 작전에 사용했대. 하지만 철판으로 되었다는 기록은 없어.

이순신이 거북선을 타고 싸웠다는 것도 사실이 아니야. 임진왜란 당시 거북선은 3대에서 5대 정도 있었을 텐데, 거북선은 맨 앞에서 싸우는 배인 돌격선이야. 그러나 이순신은 전투의 총대장이니 보통 뒤쪽에서 전투 전체를 살피며 지휘했겠지? 다시 말해 이순신이 거북선을 탔을 가능성은 별로 없다는 뜻이야.

> 임진왜란으로 조선이 위기에 빠지자 내 나라는 내 손으로 살리겠다는 백성들이 나서서 의병을 꾸리고는 왜군과 싸웠다. 대표적인 의병장으로 곽재우가 있었으니…….

곽재우,
의병을 일으켜 위기에 빠진 나라를 구하다

임진왜란 이야기를 계속해 보자. 이제 바다가 아니라 육지로 가 보는 거야. 임진왜란이 터지자 임금 선조는 이일과 신립, 두 장군을 각각 경상도와 충청도로 보냈어. 남쪽에서 올라오는 왜군을 막으라는 거였지. 하지만 이일은 상주에서 왜군에 졌고, 믿었던 신립마저 충주에서 크게 지고 말아.

왜 졌느냐고? 음, 솔직히 말하면 당시 왜군의 전투 능력이 조선의 전투 능력보다 강했기 때문이야. 일단 왜군은 앞서 말한 새로운 무기 조총을 가지고 있어서 활과 칼로 싸우는 조선의 군사하고는 사실 게임이 안 됐어. 물론 조선에도 화포 같은 무기들은 있었지. 그러나 이런 무기는 한 사람 한 사람이 손쉽게 들고 다니며 쏘는 건 아니잖아.

또 왜군은 그동안 일본을 통일 국가로 만들기 위해 수많은 전투를 치른 훈련된 군사들이었어. 반면 평화롭던 조선은 200년 동안 전투다운 전투를 치러 본 적이 없었어. 그러니 당연히 전투력의 차이가 있을 수밖에.

이일과 신립이 무너지면서 한양까지 올라오는 길은 뻥 뚫렸어. 곧 왜군이 들이닥친다는 소식에 선조는 피란길에 올랐지. 먼저 국경 지역인 의주까지 간 다음, 여차하면 명나라까지 넘어갈 생각이었어. 임금이 이렇게 도망가 버렸으니……. 잔인한 왜군의 총칼 앞에 조선의 백성들은 거의 무방비 상태로 내던져졌어.

이때! '이대로는 안 되겠다! 내 나라, 내 가족은 내가 지키겠다.' 하는 심정으로 일어선 사람들이 있었어. 바로 의병이야. 그중 곽재우라는 사람은 전국에서 가장 먼저 의병을 일으켰지. 임진왜란이 일어난 지 꼭 열흘째 되던 날이었어.

❖❖❖

먼저 임진왜란 전까지 곽재우가 어떤 삶을 살았는지 살펴볼까?

곽재우는 1552년 경상북도 의령에서 태어났어. 그러니까 임진왜란 때 나이가 마흔하나였겠네. 곽재우는 본래 성격이 좀 강한 편이었나 봐. 타고난 인품이 호탕하고 침착했다는데, 눈을 똑바로 뜨고 쏘아볼 때는 눈빛이 번쩍번

쩍해서 감히 마주 쳐다볼 수 없었다고 해.

어릴 적 곽재우는 남명 조식이라는 학자의 제자였어. 그런 인연으로 조식의 외손녀와 혼인도 했고. 조식은 퇴계 이황, 율곡 이이, 화담 서경덕과 함께 조선의 4대 학자로 꼽힐 만큼 학문이 깊었던 선비야. 하지만 평생 벼슬길에 나아가지 않고 의로움을 실천했지.

곽재우도 그 영향을 받은 걸까? 벼슬에는 뜻이 없었고, 그저 학문을 익히거나 무술을 연마하며 하루하루를 지냈어. 글쓰기, 활쏘기, 말타기를 고루 익히고, 병법서들도 공부했지.

부모의 뜻에 따라 서른네 살 되던 해 비로소 과거를 봐서 합격했는데, 웬일인지 곧 무효가 되고 말았어. 곽재우는 이로써 벼슬과는 더욱더 멀어졌지.

그러고는 낙동강과 남강이 만나는 곳에 아예 정자까지 짓고, 낚시질을 하며 세월을 보냈어. 요즘 말로 백수였다고나 할까?

그렇게 세월을 보내던 중 임진왜란을 맞은 거야. 왜군이 쳐들어왔다는 소식이 들리자 곽재우는 먼저 조상 산소의 무덤을 평평하게 만들어 왜군이 훼손하지 못하도록 하고, 어머니와 가족들을 깊은 산속으로 피신시켰어. 내 조상과 가족은 스스로 지키겠다고 다짐한 거야.

그런 뒤에는 의병을 모았어. 처음에는 집안의 종 열 명 정도가 곡괭이, 낫 같은 것을 들고 따라나서는 정도였다고 해. 평생 벼슬도 하지 못하고 낚시나 하던 사람이 왜군을 물리치겠다고 나섰으니, 누가 그 말을 믿었겠어?

안 되겠다 생각한 곽재우는 재산을 다 정리한 뒤, 지혜롭고 용감하다고 소문난 젊은이들을 찾아가 곡식을 나누어 주면서 설득했어.

"이대로 앉아서 왜군에게 험한 꼴을 당하느니 힘을 합쳐 싸워나 봐야 하지 않겠소?"

겨우겨우 수십 명을 모았을 때쯤, 그러니까 의병을 시작한 지 한 보름쯤 되었을 때 곽재우는 왜군의 배 3척을 물리쳤고, 이틀 뒤 다시 11척을 물리쳤어. 이순신이 왜군들을 물리치기 시작하던 바로 그 무렵이었지.

왜군에게 이대로 죽는구나 자포자기했던 사람들은 희망을 갖기 시작했어. 곽재우를 따르는 의병도 어느새 2,000명 가까이 모여들었고.

곽재우가 본격적으로 활동을 시작하여 이끈 전투 중 가장 빛나는 것은 정암진 전투야. 왜군 2만 명이 경상도 지역인 정암진에 도착해 강을 건너려 하고 있었지. 이순신이 바닷길을 철통같이 막고 있으니 왜군은 육지의 길을 통해 전라

곽재우(1552~1617)
'홍의장군'이라는 별명을 가진 조선의 의병장. 임진왜란 때 정암진에서 큰 공을 세웠고, 그 뒤 경상도를 지키는 벼슬에 오르기도 했다.

도로 넘어가려 했던 거야.

  그러나 정암진은 물이 깊고, 그나마 얕은 곳은 질퍽질퍽한 진창이어서 건너기가 쉽지 않았어. 왜군은 그 지역을 잘 아는 우리 백성들을 협박해 마른 곳만 골라서 깃발을 꽂아 두게 하고는 다음 날 강을 건너려 했지.

  왜군의 이 계획을 미리 알고 있었던 곽재우는 밤새 깃발을 진창으로 옮겨 놓았어. 물이 깊은 곳에는 장애물을 설치하고, 갈대밭에는 활 잘 쏘는 군사들을 숨겨 두었지.

> 왜군은 한 놈도 놓치지 않겠다! 나의 화살 맛을 봐라!

다음 날 깃발을 따라 강을 건너려던 왜군들이 진창에 빠져 허우적댈 때, 하얀 말을 타고 붉은 옷을 입은 곽재우가 나타나 소리쳤어.

"쏴라! 한 놈도 놓치면 안 된다."

놀란 왜군이 우왕좌왕하자 갈대밭에 숨어 있던 우리 군사들이 빗발치듯 화살을 날려 왜군을 전멸시켰지.

이 싸움 이후로 사람들은 곽재우를 '홍의장군'이라고 부르기 시작했어. '붉을 홍', '옷 의' 자를 써서 붉은 옷을 입은 장군이라는 뜻으로 말이야. 하얀 말에 붉은 옷이라, 왠지 좀 멋진걸?

그런데 전쟁에 나가는 사람이 뭐 이렇게 멋을 부렸냐고? 다 이유가 있지. 눈에 확 띄는 옷을 입고 적의 기를 죽이려 했던 거야.

또 곽재우는 위장 전술이나 매복 작전을 자주 사용했어. 위장은 본래 모습이 드러나지 않도록 거짓으로 꾸미는 거고, 매복은 몰래 숨어 있는 것을 말해. 왜군의 숫자가 많고 강했기 때문에 정면으로 붙어서는 이길 수가 없었거든.

어떤 전투에서는 이런 방법도 썼어. 자기와 몸집이 비슷한 부하 열 명 정도에게 똑같은 옷

> 내 패션 어때? 멋지지? 멋 부리는 게 아니라 이게 다 작전이라고.

을 입힌 뒤 곳곳에 숨어 있게 해. 그런 뒤 적진으로 들어가 적을 물리치는 척하다가 도망치는 거야. 그러면 왜군들이 뒤쫓겠지? 그런데 어라! 한참 뒤쫓다 보니 여기에도 홍의장군, 저기에도 홍의장군이 있는 거야. 이게 무슨 일인가 왜군들이 당황하면 휙휙! 숨었던 의병들이 나타나 왜군들을 공격했지.

어때? 하얀 말에 붉은 옷, 특이한 복장이 작전상 매우 쓸 만했지? 시간이 흐르자 왜군들은 붉은 옷을 입은 장수만 보면 놀라 도망쳤다고까지 해.

조정에 이 소식이 전해지면서 곽재우는 벼슬을 받았어. 의병을 일으킨 지 1년 만에 경상도 오른쪽을 책임지는 지휘관이 된 거야.

◆◆◆

하지만 앞서 말했듯이 워낙 성격이 강했던 탓에 다른 사람들과 갈등이 좀 있었어. 한 번 옳다고 생각하면 뜻을 굽히는 법이 없었거든. 벼슬을 그냥 내던지기까지 할 정도였어.

1597년 정유재란이 일어나자 곽재우

는 다시 경상도 왼쪽을 지키는 임무를 맡았어. 그런데 도중에 계모의 삼년상을 치르기 위해 벼슬을 내던지고 고향으로 내려갔어. 조정에서 설득했지만 소용없었지.

그렇게 전쟁이 끝난 다음에는 곽재우를 계속 추천하던 영의정 이원익이 정치 싸움에 밀려 조정에서 쫓겨나는 일이 벌어졌어. 이를 강하게 반대하던 곽재우는 왕의 허락도 받지 않은 채 또 고향으로 내려갔지.

그러자 이번에는 선조도 단단히 화가 나 곽재우를 유배 보냈어. 유배가 끝난 뒤 고향으로 돌아온 곽재우는 정자를 짓고 그곳에 머물렀는데, 익은 밥은 멀리하고 솔잎만 먹었대. 신선이라도 되려 했던 걸까?

곽재우는 의병을 일으켜 나라가 위급했을 때 큰 공을 세웠지만 그 공로를 제대로 인정받지도 못했어. 참 안타까운 일이지? 그러고는 예순여섯 살의 나이로 결국 세상을 떠났어.

복습하는 인물 연표

1552년	1592년	같은 해	1597년	1617년
곽재우가 경상북도 의령에서 태어났다.	임진왜란이 일어났고, 곽재우는 의병을 일으켰다.	곽재우가 정암진 전투에서 왜군을 무찔렀다.	정유재란 때에는 경상좌도를 지키는 임무를 맡았다.	고향에 돌아와 정자를 짓고 지내다 세상을 떠났다.

내 나라는 내가 지킨다! 의병과 승병

임진왜란 때에는 곽재우 말고도 위기에 빠진 나라를 구하기 위해 전국 곳곳에서 많은 의병들이 일어났어.

충청도 옥천에서는 조헌이 의병을 일으켜 700명의 부하들을 이끌고 왜군과 싸웠고, 전라도에서는 고경명, 김천일 등이 의병을 일으켰지.

평소 살생을 하지 않는 스님들도 무기를 들고 왜군에 맞섰는데, 이들을 승병이라고 해. 서산 대사로 알려진 휴정, 그의 제자인 사명 대사 유정 등은 전국의 절에 글을 보내 승병들을 모으고 왜군에 맞섰어. 특히 사명 대사 유정은 전쟁이 끝난 뒤 일본에 가서 조선인 포로 3,000명을 데리고 오기도 했지.

의병과 승병들은 이처럼 스스로 군대를 일으켜 나라를 구하기 위해 치열하게 왜군과 싸웠어. 또 나중에는 나라에 소속된 관군과 힘을 모아 진주성과 행주산성에서 큰 승리를 이끌어 내기도 했고.

> 선조를 이어 광해군이 임금이 되었다. 광해군은 오랜 전쟁으로 지친 백성들을 위로하고 명나라와 후금 사이에서 중립 외교를 펼치지만 결국 왕위에서 쫓겨나는데…….

광해군, 왕의 자리에서 쫓겨나다

조선 시대 왕의 이름을 한번 떠올려 볼까? 태조, 정종, 태종, 세종……. 거의 다 '종'이나 '조'로 이름이 끝나네. 이 이름은 왕이 죽은 뒤에 그 왕의 업적에 따라 붙이는 거야. '종'은 덕으로 나라를 다스리고 문물을 일으킨 왕에게, '조'는 나라를 세우거나 백성을 구한 왕에게 붙이지. 그런데 조선 시대 왕 가운데 이런 이름을 받지 못한 사람이 딱 두 명 있어. 바로 연산군과 광해군이야.

왜냐고? 왕의 자리에서 쫓겨났거든. 이제 이 두 명의 왕 가운데 광해군에 대한 이야기를 해 보자. 광해군이 왜 왕의 자리에서 쫓겨났는지, 과연 그게 옳은 결정이었는지 말이야.

1623년 3월 23일 새벽, 이귀, 김류, 이괄이 1,000명 정도의 군사를 이끌고 창덕궁에 들이닥쳤어. 이들의 함성에 놀란 광해군은 창덕궁 담장을 넘어 몸을 피했지. 하지만 다음 날 붙잡혀 왕의 자리에서 쫓겨나고 말아.

이들은 광해군을 쫓아내면서 세 가지 이유를 들었어.

☝ 첫째, 인목 대비를 가두고 형제인 영창 대군을 죽였다.
✌ 둘째, 토목 공사를 크게 일으켜 백성들을 어려움에 빠지게 했다.
✌ 셋째, 명나라와의 관계를 소홀히 하고 후금과 몰래 손을 잡아 명나라를 배신했다.

그럼, ☝ 첫 번째 이유부터 한번 살펴보자. 대체 무슨 일이 있었기에 광해군은 대비를 가두고 형제를 죽인 걸까?

광해군은 선조의 아들이야. 그래, 선조는 임진왜란을 치른 왕이지. 선조는 아들이 열네 명이나 있었지만, 마흔 살이 넘도록 세자를 정하지 않았어. 모두 후궁들이 낳은 아들이었고, 정식 왕비가 낳은 아들이 없었거든. 사실 선조 자신도 정식 왕비의 아들은 아니었어. 그 때문에 마음고생을 많이 했는지 자신의 후계자만큼은 꼭 정식 왕비가 낳은 아들이길 바랐지.

그러던 중 임진왜란이 일어나 나라가 큰 위험에 빠지자 미뤄 온 세자 책봉을 부랴부랴 하게 돼. 자칫 잘못하면 전쟁 중에 왕이 죽을 수도 있잖아. 그 위험을 줄이기 위해 조정을 둘로 나누려다 보니 왕세자가 꼭 필요했지. 이때 선조는 둘째 아들인 광해군을 왕세자로 책봉했어. 큰아들인 임해군은 성격이 포악해서 임금 자질이 없다고 판단했거든.

나라가 위급할 때 왕세자의 자리에 오른 광해군은 전쟁터를 누비며 무기와 양식을 대어 주고, 백성들의 마음을 위로하며 제 역할을 잘 해냈어. 그렇게 예비 왕으로서 신하들과 백성들의 믿음을 얻었지.

그런데 전쟁이 끝나고 문제가 생겼어. 새로 왕비가 된 인목 왕후가 영창 대군을 낳은 거야. 어라! 그렇게 고대하던 정식 왕비가 낳은 왕자가 등장했으니 선조의 마음이 움직일 수밖에. 선조는 이제 영창 대군에게 왕위를 물려주고 싶어 했어. 그걸 눈치챈 신하들 가운데 영창 대군을 지지하는 세력도 생겨났고.

하지만 선조는 생각보다 일찍 죽음을 맞이해. 영창 대군은 그때 겨우 세 살, 도저히 왕위에 오를 수 없는 나이였지. 선조는 할 수 없이 그냥 광해군에게 왕위를 물려준다는 유언을 남기고 세상을 떠났어. 하지만 영창 대군을 지지했던 신하들은 그 유언을 발표하지 않았대. 왜일까? 광해군이 왕이 되면 영창 대군을 지지했던 세력은 위험해지지 않겠어? 그러니 유언을 꼭꼭 숨겨 두고 어떻게든 영창 대군을 왕위에 앉히려 했던 거야.

하지만 이 일은 광해군을 지지하는 신하들에게 들켰고, 인목 대비 역시 세 살짜리가 왕위를 잇는 것은 불가능하다고 판단해 결국 광해군이 왕위에 올랐지.

어렵게, 정말 어렵게 왕위에 올랐지만 여전히 임해군과 영창 대군은 살아 있고, 그들을 지지하는 신하들도 있으니 광해군은 불안했어. 광해군을 지지하는 신하들은 계속해서 그 둘을 죽여야 한다고 말했지.

고민 끝에 광해군은 임해군에게 사약을 내렸어. 또 몇 년 뒤 영창 대군을 왕으로 세우자는 역모˙가 일어나자 어린 영창 대군을 일반 백성으로 신분을 낮춰 내쫓았지. 영창 대군의 어머니인 인목 대비는 서궁에 가두어 버리고.

그런데 얼마 뒤 영창 대군이 이이첨이라는 사람의 지시를 받은 자에게 죽임을 당해. 그때 영창 대군의 나이는 겨우 여덟 살이었어.

왕위에 오를 때부터 영창 대군을 죽여야 한다는 신하들의 목소리가 높았지만 광해군은 몇 년 동안 버티며 거부해 왔어. 그러니 영창 대군을 죽이라고

역모 왕에게서 나라를 다스리는 권한을 빼앗으려 하는 일

직접 시킨 것은 아니었지. 그래도 어린 동생을 보호하지 못한 책임을 피할 수는 없었을 거야. 또 비록 계모이기는 하지만 어머니인 인목 대비를 내쫓았다는 것 역시 효를 중요시하던 조선 시대에는 비난받을 만한 일이었지.

하지만 생각해 보렴. 왕이 권력을 한곳으로 모으기 위해 형제들을 죽인 일은 역사 속에서 드문 일이 아니야. 태종도, 세조도 형제와 조카를 죽이고 왕위에 올랐잖아? 그러니까 잘못한 일이긴 해도 왕의 자리에서 내쫓길 만한 정도는 아니라는 거지.

이제 두 번째 이유를 살펴보자. 토목 공사를 크게 일으켜 백성들을 어려움에 빠지게 했다는 것인데, 이건 임진왜란 때 불타 버린 궁궐을 새로 지으면서 백성들을 불러내 생겨난 이야기야.

전쟁 뒤 백성들의 생활도 힘들었을 텐데, 궁궐을 지으려고 백성들을 데려왔으니 사실 원망의 소리가 높았던 건 사실일 거야. 하지만 왕이 지낼 곳조차 없을 만큼 궁궐이 모두 불타 어쩔 수 없는 일이기도 했어.

오히려 광해군은 전쟁 뒤 힘들어진 백성들의 삶을 돌보기 위해 대동법 등 여러 정책들을

헥헥, 힘들어.

이것도 꼬투리 잡아야겠다. 히히! 광해군 두고 보자.

광해군 꼬투리 2

광해군은 안 그래도 힘든 백성들을 토목 공사에까지 불러냈지.

실시하기도 했는걸. 그러니까 광해군이 백성들의 삶을 힘들게 했다는 이유도 사실 받아들이기 어려워.

✌ 마지막 이유는 광해군이 명나라를 배신했다는 것인데, 이게 무슨 뜻인지는 좀 설명이 필요하겠구나.

광해군의 업적 가운데 가장 뛰어난 것으로 꼽히는 건 외교 정책이야. 조선 시대 왕 가운데 주변 나라의 움직임을 파악하기 위해 가장 많은 노력을 한 건 아마도 광해군일 거야. 그는 각 나라의 정보를 수집하고 그 내용을 분석해서 주변 나라들을 효과적으로 상대하는 정책을 세웠어.

그래서 1618년 명나라가 여진족이 세운 후금을 공격할 테니 구원병을 보내라고 했을 때, 명나라가 후금을 이길 수 없을 거라고 정확히 예측할 수 있었지. 질 걸 뻔히 알면서 어찌 군대를 보내겠어?

하지만 명나라는 임진왜란 때 조선에 구원병을 보냈으니 은혜를 갚으라며 난리를 쳤어. 조선의 신하들도 광해군을 설득했지.

"전하, 명나라는 조선이 어려울 때 도와준 나라이니, 조선의 처지가 어렵다고 피하면 안 되옵니다."

의리를 지키라는 말

이야. 그런데 의리도 물론 중요하지만 명나라 편을 들었다가 한창 세력이 커 나가고 있는 후금이 쳐들어오기라도 하면 어떻게 해? 전쟁이 끝난 지 얼마 되지도 않았는데…….

광해군의 고민은 깊어졌어. 그러다 결단을 내렸지. 어쩔 수 없이 구원병을 보내기는 하지만 한 가지 꾀를 낸 거야. 광해군은 원정군의 대장을 맡은 강홍립에게 몰래 지시했어.

광해군(1575~1641)
조선 제15대 임금. 명나라와 후금 두 나라 사이에서 중립 외교를 펼쳤다. 그러나 영창 대군을 죽이고 인목 대비를 가두었다는 이유 등으로 반대파들에게 왕위를 빼앗겼다.

"상황을 정확히 판단하고, 지지 않는 싸움이 되도록 최선을 다하라."

이 말의 의미를 강홍립은 이해했어.

명나라와 한편이 되어 싸우다가 후금의 공격이 거세지자 항복해 버린 거야. 그러면서 조선은 명나라 때문에 어쩔 수 없이 군대를 이끌고 온 거라고 슬쩍 이야기했지. 구원병을 보냈으니 명나라의 요구는 들어준 셈이고, 거세게 성장하던 후금과도 적이 되지 않았으니, 어때, 기막힌 작전이지?

명나라나 후금 모두와 적이 되지 않는 것, 이런 것을 중립 외교라고 해. 덕분에 조선은 한동안 평화를 유지할 수 있었어. 그러니까 광해군을 왕위에서 내쫓은 신하들의 말처럼 명나라를 배신했다고 비판하기는 어렵겠지?

❖❖❖

하지만 이 모든 것이 결국 광해군의 발목을 잡고 말았어. 그게 옳은 이유였든 아니었든, 반란 세력은 앞서 말한 세 가지 이유를 들어 광해군을 임금의 자리에서 내쫓고 강화도에 가두었지.

그런 뒤 갇혀 있던 인목 대비를 다시 모셔 온 다음, 선조의 손자 가운데 한 명인 인조를 왕으로 앉혔어.

네 생각은 어때? 광해군은 왕위에서 쫓겨날 만큼 나쁜 왕이었던 걸까? 그게 아니라면 광해군의 반대 세력들이 그를 몰아낼 핑계를 댄 것일까?

왕위에서 쫓겨난 뒤 광해군은 태안, 제주도로 옮겨 다녔어. 그렇게 왕위에 있던 시간보다 더 오랜 시간을 유배지에서 보내다가 예순일곱 살의 나이로 세상을 떠났지.

복습하는 인물 연표

1592년	1606년	1608년	1613~1618년	1618년	1623년
임진왜란이 일어나자 선조가 광해군을 왕세자로 책봉했다.	선조와 인목 대비 사이에서 영창 대군이 태어났다.	광해군이 조선 제15대 임금이 되었고, 대동법이 실시되기 시작했다.	영창 대군을 내쫓아 죽이고, 인목 대비를 서궁에 가두었다.	명나라에 조선의 군사를 보내면서도 후금과 좋은 관계를 유지했다.	반대파들이 인조반정을 일으켜 광해군은 왕의 자리에서 쫓겨났다.

조금 더 알아볼까?

땅을 가진 사람만 쌀을 내도록 한 대동법

조선 시대 지방의 백성들은 나라에 공물을 바쳤어. 공물은 세금 가운데 하나로, 각 지방의 특산물을 나라에 내는 거야. 그런데 전국 곳곳에서 나는 특산물을 한양까지 가지고 오는 게 쉬운 일이 아니었어. 이동할 때 변하거나 상하는 것이 많았거든.

그래서 방납이라는 게 생겼어. 방납은 전문 상인들이 백성들을 대신해서 공물을 나라에 바치고, 나중에 백성들에게 쌀이나 옷감으로 그 대가를 받는 거야. 이렇게 하면 특산물을 준비하지 않아도 되어 백성들의 수고가 덜했겠지?

그런데 방납을 하던 중간 상인들이 점점 본래 가격보다 높은 값을 매겨 횡포를 부리기 시작했어. 그러다 보니 백성들의 부담은 전보다 더 커지는데도 나라의 수입은 오히려 줄어들게 되었지.

이처럼 문제가 생기자 광해군 때부터는 대동법을 실시했어. 모든 백성이 특산물을 내는 대신 농사짓는 땅을 가진 사람만 일정한 양의 쌀을 내도록 한 거야. 와, 가난한 백성들을 위한 정말 좋은 정책이네.

하지만 땅을 많이 가진 사람들과 방납으로 많은 돈을 벌던 상인들이 반대하는 바람에 전국적으로 실시하는 데에는 거의 100년이라는 긴 세월이 걸렸지.

> 후금은 힘을 키워 청나라를 세우고, 조선에 쳐들어왔다. 청나라에 항복한 조선은 왕자들을 포로로 보내고, 소현 세자는 청나라에서 앞선 문물을 접하는데……

소현 세자,
청나라처럼 발전된 조선을 꿈꾸다

광해군을 쫓아내고 왕위에 오른 사람은 인조야. 인조와 그를 도운 세력들은 광해군을 쫓아내며 세 가지 이유를 들었다고 했지? 대비를 가두고 형제를 죽인 것, 백성들의 삶을 어렵게 만든 것, 명나라를 배신하고 후금과 손을 잡은 것 말이야.

그런 잘못을 했다고 광해군을 내쫓았으니 인조는 그와 반대로 해야 할 거 아니야? 그래서 인조는 왕위에 오르면서 인목 대비를 다시 궁으로 모셨어. 또 명나라를 받들고 후금을 멀리하겠다는 입장을 분명히 밝혔지.

하지만 광해군의 판단대로, 청나라로 이름을 바꾼 후금은 점점 세력을 넓혀 가며 성장하고 있었어. 급기야 청나라는 조선에 쳐들어왔지. 이것을 '병자호란'이라고 해.

청나라 군대는 단 6일 만에 한양으로 들이닥쳤어. 인조는 청나라 황제 앞에 세 번 절하고 머리를 아홉 번 바닥에 찧는 굴욕적인 항복 의식을 치러야만 했지. 앞으로 명나라와 모든 관계를 끊고 청나라를 임금의 나라로 모시겠다는 약속과 함께 말이야.

뿐만 아니라 인조의 장남 소현 세자와 그의 동생 봉림 대군 부부 등 수많은 사람이 청나라에 포로로 끌려가야 했어.

1637년 2월, 소현 세자는 그렇게 멀고 먼 북쪽으로 떠났어. 언제 돌아올지 알 수 없는, 아니 살아서 돌아올지 장담할 수도 없는 길이었지. 1612년에 태어났으니 소현 세자의 나이 스물여섯 살 되던 해였어. 동생인 봉림 대군은 열아홉 살이었고.

청나라가 세자를 볼모˙로 데려가겠다고 했을 때 인조는 물론 조정에서도 모두 반대했어. 장차 나라를 이끌어 갈 세자를 적국으로 보낼 수는 없다면서 말이야.

그때 소현 세자가 말했어.

"저에게는 동생도 있고 아들도 하나 있으니, 설령 제가 적의 손에 죽는다 하더라도 종사˙를 받들 수 있습니다. 나라를 편안히 하고 아버지를 보호할 수 있다면 제가 어찌 그곳에 가는 것을 꺼리겠습니까?"

나라를 위해 스스로 나선 거야. 하지만 청나라로 향하는 그의 마음속에는 슬픔과 분노가 가득했을 거야. 굴욕적인 모습으로 청나라에 항복하던 아버지의 모습이 아직도 생생했거든.

청나라에 도착한 소현 세자는 수도였던 선양에 머물렀는데, 예상대로 생활이 쉽지는 않았어. 음식과 기후의 차이도 있었지만 무엇보다 마음고생이 심했지. 행동 하나하나가 무척 조심스럽고 어려웠어. 만일 자신이 잘못 처신하면 목숨이 위태로울 뿐 아니라, 그 불똥이 조선으로 튈 수도 있으니까.

함께 청나라에 끌려온 조선의 신하들이 소신을 굽히지 않다가 처형당하는 것을 보기도 했고, 바로 그날 그 일을 축하라도 하듯 청나라에서 소현 세자에게 잔칫상을 차려 주어 억지로 먹어야 하기도 했지. 또 도착한 지 한 달도 지나지 않아 세자빈˙의 건강이 나빠졌는데, 조선에 사람을 보내 약을 구하려는 것도 청나라는 허락하지 않았어.

볼모 약속을 지키게 하려고 잡아 두는 사람이나 물건
종사 종묘와 사직이라는 말로, 나라를 뜻함.
세자빈 왕세자의 아내

이처럼 어렵고 힘든 처지였지만 소현 세자는 청나라와 조선 사이에 일어나는 여러 일들을 도맡아 처리했어.

그러던 어느 날, 소현 세자에게 아주 난처한 일이 생겼어. 청나라가 명나라와의 전쟁을 앞두고 자기네들을 도우라며 조선의 군대를 보내라고 한 거야.

그런데 다시 생각해 보자. 광해군을 쫓아낸 뒤, 인조는 명나라를 따르고 청나라를 멀리하겠다는 입장을 분명히 밝혔잖아. 하지만 조선의 왕이 청나라에 항복해서 아들까지 포로로 보낸 마당에 이 요구를 거절할 수는 없었어.

조선은 어쩔 수 없이 6,000명의 군사를 보냈는데, 이들을 이끈 장군이 청나라를 매우 싫어하는 사람이었대. 그가 이끄는 조선군은 청나라 편에 서서 제대로 싸우지 않았어. 전진하라고 해도 전진하지 않고, 총을 쏘라고 하면 엉뚱한 곳에 쏘아 대고, 어떤 군사들은 그냥 항복하기도 했어.

분노한 청나라는 배신행위라며 조선에 강하게 항의했어. 이때에도 소현 세자가 나서서 청나라의 움직임을 조선에 재빠르게 알려 주었고, 청나라에는 조선의 처지를 설득하는 등 중간에서 많은 애를 썼어.

그러던 가운데 청나라의 장수가 소현 세자에게 따져 물은 거야.

"청나라와 다른 마음을 먹는 자가 누구요?"

그러자 소현 세자가 호통을 쳤어.

"내가 비록 멀리 와 있지만 한 나라의 세자다. 네가 어찌 감히 이토록 협박

하는가?"

결국 청나라의 장수는 웃으며 사과했다고 해. 이렇게 소현 세자는 필요할 때 과감하게 맞서고, 한편으로는 그들의 비위를 맞추기도 하면서 청나라와 조선 사이의 문제를 지혜롭게 해결해 나갔어.

그러면서 소현 세자는 조선에서 알던 것과는 다른 새로운 세상을 경험했지. 조선이 받들었던 명나라가 무너지는 것을 보았고, 오랜 세월 오랑캐라고 멸시하던 청나라가 얼마나 크게 발전했는지 알게 된 거야.

청나라는 명나라를 멸망시키기 위해 명나라의 수도 베이징으로 쳐들어갈 때 소현 세자를 일부러 데리고 갔어. 명나라가 어떻게 무너지는지 직접 보라는 의미였겠지?

이때 소현 세자는 베이징에서 70일 정도를 더 머물렀어. 그리고 여기에서 아담 샬이라는 서양인 선교사를 만나 강한 인상을 받았지. 아담 샬은 과학 지식이 뛰어난 독일 사람으로, 명나라에서 대포를 제작하고 달력을 만드는 일을 맡고 있었어.

소현 세자와 아담 샬은 숙소가 가까워 자주 만날 수 있었는데, 많은 이야기를 나누며 친해졌어. 소현 세자는 서양 문명과 천주교에 대해 접하게 되었지. 청나라 문화만으로도 새로운 게 많았는데, 처음 듣는 서양 문명 이야기는 귀가 쫑긋해지고 눈이 휘둥그레질 만큼 놀라웠어.

헤어질 때 아담 샬은 소현 세자에게 수학, 천문, 천주교에 대한 책과 지구의, 천주상 등을 선물로 주었어. 이 선물을 받고 소현 세자가 쓴 감사의 편지가 아직까지 전해.

'보내 주신 선물은 정말 고맙습니다. 그중 몇 권의 책을 보았는데, 천문학에 대한 책은 조선에 돌아가면 곧 펴내 널리 읽히겠습니다. 조선인들이 서양 과학을 배우는 데 큰 도움이 될 것입니다.'

새로운 사상을 받아들이는 데 적극적이었던 소현 세자는 이 서양인에게 받은 진귀한 보물들을 조선에 꼭 알려야겠다고 다짐했어.

명나라를 무너뜨리고 베이징을 차지한 청나라는 소현 세자가 조선으로 돌아가는 것을 허락했어. 조선이 명나라 편을 들까 봐 볼모로 잡아 둔 것인데, 더 이상 그럴 필요가 없었으니까.

소현 세자(1612~1645)
인조 임금의 큰아들. 병자호란 때 청나라에 볼모로 잡혀갔다 돌아왔다. 새로운 문물을 배우자며 서양 책과 지구의, 천주상 등을 조선에 소개했으나 일찍 죽고 말았다.

　소현 세자는 그동안 모은 서양의 책과 물건들을 가지고 귀국했어. 드디어 조국으로 돌아오다니, 정말 감회가 남달랐겠지? 자신이 접한 새로운 문물을 조선에 전하고, 청나라처럼 조선의 힘을 키우겠다는 의욕으로 가득 차 있었을 거야.
　그런데 왕세자를 맞이하는 인조의 반응은 영 싸늘했어. 볼모로 잡혀 있던 아들이, 그것도 9년 만에 겨우 돌아왔는데 말이야. 왜 그랬을까?
　인조는 불안했던 거야. 청나라가 혹시 소현 세자를 왕으로 앉히고 자신을

쫓아내지 않을까 의심했지. 사실 인조는 그동안 왕세자의 소식을 몰래 알아보고 있었어. 청나라에서 잘 처신했다는 것을 알았기에 그들에게 인정받는 아들이 돌아와 자신의 왕위를 빼앗는 건 아닌지 걱정했거든.

예상하지 못한 아버지의 태도 때문이었을까? 조선에 돌아온 지 두 달 만에 소현 세자는 병이 났어. 학질*이었대. 이미 어른이 된 세자에게 학질은 며칠 앓고 나면 낫는 병이었지. 그런데 열을 내리게 한다고 침을 맞았는데, 글쎄 사흘 만에 세상을 떠난 거야.

어쩐 좀 수상하다고? 그래, 세자의 죽음은 몇 가지 의문을 남겼어.

직접 본 사람의 말에 따르면, 소현 세자의 온몸이 까맣게 변하고 눈, 코, 귀에서는 피가 나왔다고 해. 그런데 이런 모습은 독약을 먹고 죽은 사람에게나 나타난다는 거지.

또 세자에게 침을 놓은 의원에게도 개운치 않은 점이 있어. 인조의 후궁 가운데 소현 세자와 사이가 좋지 않은 사람이 있었는데, 그 후궁의 추천을 받은 의원이 침을 놓았다는 거야. 당시 조정의 신하들도 그 의원을 의심해 잡아다 죄를 묻자고 했어.

학질 학질모기에 물려 감염되는 전염병으로 말라리아라고도 함.

그런데 인조가 굳이 그 의원의 입장을 변명하며 보호해 주었어. 심지어 인조는 소현 세자의 장례도 간소하게 치르고, 무덤을 쓰거나 상복을 입는 기간에 있어서도 왕세자의 대우를 해 주지 않았지.

뭐 어쨌든 소현 세자는 이렇게 세상을 떠났고, 왕세자의 자리를 누가 잇는가 하는 문제가 남았어. 소현 세자에게 이미 아들이 셋이나 있었으니 그 아들이 왕위를 이어받는 게 맞았지. 하지만 인조는 소현 세자의 동생인 봉림 대군을 왕세자로 세웠어.

인조는 그런 뒤 소현 세자의 부인 강빈에게 사약을 내리고, 세자의 세 아들은 제주도로 유배 보냈어. 그곳에서 두 아이가 죽었지. 인조는 소현 세자의 부인이 청나라의 도움을 받아 자기 아들을 왕으로 세울까 봐 걱정했던 걸까? 뭐가 되었든 너무나 안타까운 일이야.

❖❖❖

그렇게 인조의 뒤를 이어서 봉림 대군이 왕위에 올랐어. 조선 제17대 임금 효종이야. 아버지의 뜻을 이어받은 효종은 북벌을 추진하겠다고 했어. 그러니까 청나라를 공격한다는 거야. 효종은 실제로 신무기를 개발하고, 병사를 훈련시키는 등 차근차근 전쟁을 준비했어.

그러나 임진왜란과 병자호란을 이미 경험했던 신하와 백성들은 또다시 전쟁을 하려는 효종의 정책에 반대했지. 효종은 끝내 제 뜻을 펼쳐 보지 못한 채 병으로 죽고 말아.

소현 세자와 봉림 대군, 두 형제는 똑같이 청나라에서 생활했지만 그동안 보고 느낀 것은 사뭇 달랐던 거 같아. 세상의 변화를 보고, 새로운 문물을 받아들이는 데 적극적이었던 소현 세자가 조선의 왕이 되었다면 우리 역사는 어떻게 되었을까? 만일 효종이 북벌을 실제로 실행했다면 또 우리 역사는 어떻게 달라졌을까?

조선을 우습게 보는 청나라 오랑캐! 다 부숴 버리겠어!

청나라와 서양의 앞선 문물을 받아들여 조선을 발전시키자!

봉림 대군(효종)   소현 세자

복습하는 인물 연표

1612년	1636년	1637년	1644년	1645년
인조의 장남 소현 세자가 태어났다.	병자호란이 일어났다.	소현 세자가 봉림 대군과 함께 청나라에 포로로 끌려갔다.	베이징에서 서양 선교사 아담 샬을 만나 서양 문물을 접했다.	9년 만에 조선으로 돌아온 소현 세자가 학질로 세상을 떠났다.

청나라에 맞서자는 신하, 항복하자는 신하

　병자호란이 일어났을 때, 인조는 45일 동안 남한산성에 갇혀 있었어. 청나라 군사에게 완전히 포위된 채 말이야.

　이때 조선의 신하들은 청나라와 끝까지 싸우자는 편과 항복하자는 편으로 나뉘어 매일 다투었어. 끝까지 싸우자는 편은 "청나라에 항복하는 것은 나라가 망하는 것과 똑같다."라고 했고, 항복하자는 편은 "힘이 약한 상태에서 싸우다 성이 함락되면 나라마저 지킬 수 없으니 가장 유리한 조건으로 협상해야 한다."라고 주장했지.

　양쪽 의견이 얼마나 팽팽했는지, 항복하자는 편의 대표적인 인물 최명길이 항복 문서를 쓰자, 끝까지 싸워야 한다는 편의 김상헌이 통곡하며 그 문서를 찢어 버리기도 했어.

　하지만 결국 인조는 청나라에 항복했고, 그 길로 최명길과 김상헌은 나란히 청나라의 감옥에 갇혔어. 그리고 감옥에서 두 사람은 서로의 입장을 이해했다고 해. 모두 다 나라를 위한 마음이었음을 말이야. 두 사람은 청나라에서도 조선의 신하로 당당하게 지내다 나중에 함께 귀국했어.

학습 정리 퀴즈

4권으로 넘어가기 전에 잠깐! 퀴즈를 풀면서 3권에서 배운 내용들을 정리해 보자. 정답은 140쪽에 있는데, 다 풀고 보기다!

1 다음은 조선의 건국에 대한 설명이야. 빈칸에 알맞은 말끼리 짝지은 것을 골라 볼래? (   )

> 고려의 장수였던 (㉮)은/는 1392년에 조선을 세웠다.
> 조선의 새로운 도읍은 (㉯)으로 결정했다.

① ㉮ 최영, ㉯ 개경　　　② ㉮ 이성계, ㉯ 개경
③ ㉮ 배중손, ㉯ 한양　　④ ㉮ 이성계, ㉯ 한양

2 다음 설명이 가리키는 '사건'을 뭐라고 부르는지 아니? (   )

> – 조선이 명나라 땅인 요동을 공격하려다가 생긴 '사건'이다.
> – 요동 정벌에 반대했던 이성계가 요동으로 가던 중 군사를 되돌린 '사건'이다.
> – 이 '사건' 이후 이성계는 권력을 손에 넣을 수 있었다.

① 위화도 회군　　　② 위화도 전쟁
③ 요동 회군　　　　④ 요동 전쟁

3 다음은 누구를 설명하는 걸까? (   )

> – 이성계를 도와 조선을 세우고, 새 도읍 한양을 설계했다.
> – 조선을 다스리는 법이 담긴 《조선경국전》을 펴냈다.
> – 이방원에 맞서다가 죽임을 당했다.

4 정도전은 한양을 설계하면서 도성 동서남북에 대문을 만들었어. 방위와 대문의 이름을 맞게 연결해 보렴.

① 동쪽 •　　　　　　• ㉮ 숭례문
② 서쪽 •　　　　　　• ㉯ 소지문
③ 남쪽 •　　　　　　• ㉰ 흥인지문
④ 북쪽 •　　　　　　• ㉱ 돈의문

5 조선의 제3대 임금 태종은 임금이 되는 과정에서 형제들과 피를 흘리며 싸워야 했어. 이 다툼을 뭐라고 부를까? (　　　　)

① 왕자의 난　　　　② 형제의 난
③ 왕자 전쟁　　　　④ 형제 결투

6 다음은 조선의 임금 태종이 한 일들이야. 왜 이런 일들을 했을까? (　　　　)

> - 사병을 없앴다.
> - 나랏일을 육조에서 왕에게 직접 보고하도록 했다.
> - 전국을 8도로 나누었다.

① 백성들을 교육시키기 위해
② 농업을 장려하기 위해
③ 지방의 권력을 강화하기 위해
④ 왕권을 강화하기 위해

7 다음에서 설명하는 글자의 원래 이름은 무엇일까? (　　　　)

> - 세종과 집현전 학자들이 함께 만들었다.
> - '백성들을 가르치는 바른 소리'라는 뜻이다.
> - 지금은 '한글'이라는 이름으로 부른다.

8 세종은 책 읽기를 무척 좋아했고, 수많은 책을 펴내기도 했어. 다음 빈칸에 들어갈 책 제목은 무엇일까? (   )

> 세종은 우리나라 역사 자료가 부족하다는 것을 느끼고 고려의 역사를 담은 (㉮)를 펴냈다. 또 유교 윤리를 백성들이 잘 실천하도록 하기 위해 (㉯)도 만들었다.

① ㉮ 고려사기, ㉯ 논어
② ㉮ 고려유사, ㉯ 훈민정음
③ ㉮ 고려사, ㉯ 삼강행실도
④ ㉮ 삼강행실도, ㉯ 훈민정음

9 장영실은 조선 시대의 손꼽히는 과학자인데, 원래 신분이 무엇이었는지 아니? (   )

① 양반
② 중인
③ 상민
④ 천민

10 다음은 장영실이 만들어 낸 것들이야. 서로 짝이 맞도록 이어 볼래?

① 천문 관측 기구 ・ ・ ㉮ 앙부일구
② 해시계 ・ ・ ㉯ 혼천의
③ 물시계 ・ ・ ㉰ 자격루
④ 금속 활자 ・ ・ ㉱ 갑인자

11 다음이 설명하는 것은 무엇일까? (   )

> - 조선 성종 때 펴냈다.
> - 조선 최고의 법전으로, 나라를 다스리는 바탕이 되었다.
> - 형벌, 군사, 세금, 결혼, 과거 등 종합적인 내용이 담겨 있다.

① 경국대전
② 조선경국전
③ 동국통감
④ 악학궤범

12 조선 성종 시절에 신하들은 크게 두 갈래로 갈렸어. 이미 권력을 많이 쥐고 있던 '훈구파'와, 지방에서 학문을 닦던 젊은 선비들로 이루어진 ○○○가 그것이지. (   )

① 선비파   ② 사림파
③ 청년파   ④ 오림파

13 다음 그림을 그린 사람은 누구일까? 잘 모르겠으면 5만 원짜리 지폐를 찾아보렴. (   )

① 이황   ② 이이
③ 세종 대왕   ④ 신사임당

14 다음의 설명이 가리키는 사람이 누구인지 맞혀 봐. (   )

- 조선 시대의 뛰어난 여성 문인
- 우리나라 최초의 여성 시집을 쓴 사람
- 《홍길동전》을 지은 허균의 누나

① 허난설헌   ② 김만덕
③ 허준   ④ 신사임당

15 1592년, 왜군 20만 명이 조선을 쳐들어오면서 임진왜란이 시작되었지. 아래는 당시의 인물들에 대한 설명인데, 맞게 이어 볼래?

① 유성룡 • • ㉮ 조선의 재상으로, 이순신을 추천했다.
② 이순신 • • ㉯ 일본의 장수로, 임진년에 조선을 침략했다.
③ 도요토미 히데요시 • • ㉰ 배 13척으로 130척의 왜선을 물리쳤다.

16 다음 중 거북선을 옳게 설명한 것은 하나뿐이야. 그게 뭘까? (   )

① 거북선은 조선 시대에 만든 배 가운데 가장 크다.
② 거북선은 전체를 철판으로 만들었다.
③ 조선 태종 때 이미 거북선이 있었다.
④ 이순신은 거북선에 직접 올라타서 지휘를 했다.

17 다음은 곽재우의 별명에 대한 설명이야. 빈칸에 들어갈 말이 뭘까? (   )

> 곽재우는 임진왜란 때 의병을 일으켜서 크게 활약했다. 사람들은 붉은색 옷을 입고 다니는 장군이라고 해서 곽재우를 ○○○○이라고 불렀다.

18 임진왜란 때는 백성들이 스스로 나라를 구하기 위해 나섰어. 이렇게 조직된 군대를 의병이라고 하는데, 특히 승려들이 만든 군대를 가리켜 ○○ 이라고 해.
(   )

① 고승　　　　　② 승병
③ 상병　　　　　④ 육군

19 조선 시대 왕 가운데에는 왕 노릇을 하다가 왕위에서 쫓겨난 왕이 두 명 있어. 한 명은 연산군인데, 다른 한 명은 누구일까? (   )

① 수양 대군　　　　② 영창 대군
③ 광해군　　　　　④ 흥선 대원군

20 다음은 광해군이 실시했던 세금 정책을 설명하는 거야. 이 정책의 이름은 무엇일까? (   )

> 예전에는 지방의 특산물을 세금으로 내도록 했다. 그러다 보니 번거로웠고, 쌀이나 옷감을 받고 대신 특산물을 내주던 중간 상인들도 횡포를 부려 백성들의 부담이 컸다. 그래서 특산품 대신 쌀을 세금으로 내는 ○○○을 실시하게 된 것이다.

① 균역법　　　　② 대동법
③ 소동법　　　　④ 방납법

21 인조의 아들 소현 세자는 볼모로서 '이 나라'에 끌려갔어. 병자호란을 일으켜 조선의 왕을 무릎 꿇게 한 '이 나라'는 어디일까? (   )

① 명나라　　　　② 청나라
③ 한나라　　　　④ 일본

22 다음 중 소현 세자에 대한 설명으로 틀린 게 하나 있는데, 골라 볼래? (   )

① 동생 봉림 대군과 함께 청나라에 끌려갔다.
② 베이징에서 아담 샬을 만나, 서양 문명을 접했다.
③ 청나라에서 조선으로 돌아올 때 서양의 책과 물건들을 가지고 왔다.
④ 조선에 돌아와 왕위에 올랐다.

찾아보기

ㄱ
갑인자 62
강홍립 116, 117
개경 10~12, 15, 17, 18, 21, 23
거북선 92, 99
《경국대전》 71, 75
경복궁 31
고경명 109
《고려사》 45
공민왕 10~14, 23
공조 35, 37
곽재우 100~109
광해군 110~121, 123
김천일 109

ㄴ
《난설헌집》 87
남대문 31
남은 32, 33
남한산성 131
노비 48, 54~57, 63, 65, 75

ㄷ
단종 53, 66
대동법 114, 119
도요토미 히데요시 92, 97
돈의문 31
《동국여지승람》 72
《동국통감》 72
동대문 12, 31

ㅁ
〈맨드라미와 쇠똥벌레〉 81
명나라 13, 14, 16, 18, 25, 41, 57, 89, 93, 94, 97, 98, 101, 111, 115~117, 120~125
문종 53

ㅂ
방납 119
베이징 124, 125
병자호란 121, 126, 129, 131
병조 35, 37
보신각 31
봉림 대군 121, 129, 130
북대문 31
북벌 129, 130

ㅅ
사림파 72, 73
사명 대사 109
사직 31
《삼강행실도》 45
상민 57, 65
서대문 12, 31
서산 대사 109
선양 122
선조 85, 94, 95, 100, 101, 108, 111, 112, 118
성삼문 46
성종 66~75
세종 38, 39, 40, 42~54, 56, 57, 59~62, 66, 68, 69, 72

소지문 31
소현 세자 120~130
〈수박과 들쥐〉 81
수양 대군 53
숭례문 31
승병 109
신립 100, 101
신사임당 76~87
신숙주 46
신진 사대부 13

ㅇ
아담 샬 125
《악학궤범》 72
앙부일구 47, 57
양녕 대군 39, 42
양반 43, 49, 55, 57, 65
양인 65
여진족 12, 115
연산군 73, 74, 110
영창 대군 111~113
예조 35, 37
예종 67
옥루 61
왕자의 난 28, 34, 35
왜구 12, 15, 22, 23, 89
우왕 14, 15, 18
원균 94
원나라 10~14, 18, 23, 25, 55, 59
위화도 15, 17, 26
유성룡 90~92
육조 35, 37

율곡 76, 77, 81, 82, 84~86
의병 93, 100~103, 107~109
의정부 35, 37
이방간 34
이방과 34
이방번 34
이방석 20, 28, 34
이방원 20, 28, 32~35, 40, 41
이성계 10~22, 24~28, 30, 32~34, 68
이순신 88~99, 103
이이 76, 77, 79, 102
이일 100, 101
이자춘 11, 13
이조 35, 37
인목 대비 111~114, 118, 120
인조 118, 120~123, 126, 128, 129, 131
임진왜란 88, 90, 92, 98~102, 104, 109, 111, 112, 114, 115, 129
임해군 112, 113

ㅈ

자격루 47, 58~61
장영실 46, 54~65
정도전 22~35, 41, 75
정몽주 25, 41
정암진 103, 105
정유재란 94, 107
정인지 46, 57
정종 34, 110
정희 대비 68
《조선경국전》 27, 75
조식 102

조총 88~90, 100
조헌 109
종묘 31
중립 외교 117
중인 65
집현전 46, 72

ㅊ

창왕 18
천거법 56
천민 65
천주교 125
철령 11~14
청나라 120~131
최영 12~18
충녕 대군 39, 40, 42
친원파 23~25
《칠정산》 47

ㅌ

태조 19, 20, 28, 30, 32~34, 68, 110
태종 32~44, 56, 61, 66, 99, 110, 114

ㅍ

판옥선 92

ㅎ

한명회 67, 68, 72, 73
한양 19~21, 27, 28, 31, 56, 88, 90, 101, 119, 121
허균 87
허난설헌 87

현충사 91
형조 35, 37
호조 35, 37
호패 38
효종 129, 130
혼천의 47, 57, 58, 61
홍건적 10~12, 18
《홍길동전》 87
홍문관 72
홍의장군 104, 106, 107
효종 129, 130
후금 111, 115~117, 120, 121
훈구파 72, 73
훈민정음 48~50, 52
흥인지문 31

사진 출처

19쪽 **태조 어진** - 연합포토
21쪽 **경강부임진도(동국여도)** - 서울대학교 규장각한국학연구원
31쪽 **한성부 지도** - 캐나다 선교사 게일의 지도
52쪽 **월인석보** - 서강대학교 로욜라도서관
53쪽 **청령포 단종 유배지** - 이효진
60쪽 **혼천의, 자격루** - 연합포토
62쪽 **갑인자본** - 연합포토
75쪽 **경국대전** - 서울대학교 규장각한국학연구원
81쪽 **<맨드라미와 쇠똥벌레>, <수박과 들쥐>** - 국립중앙박물관

- 길벗스쿨은 이 책에 실린 사진의 출처를 찾기 위해 최선을 다했습니다. 누락이나 착오가 있다면 다음 쇄를 찍을 때 꼭 수정하겠습니다.

학습 정리 퀴즈 정답

1. ④
2. ①
3. 정도전
4. ①-㉰, ②-㉣, ③-㉮, ④-㉯
5. ①
6. ④
7. 훈민정음
8. ③
9. ④
10. ①-㉯, ②-㉮, ③-㉰, ④-㉣
11. ①
12. ②
13. ④
14. ①
15. ①-㉮, ②-㉰, ③-㉯
16. ③
17. 홍의장군
18. ②
19. ③
20. ②
21. ②
22. ④